여백에 이는 바람 소리

여백에 이는 바람 소리

발행일	2025년 11월 3일
지은이	김영채
펴낸이	손형국
펴낸곳	(주)북랩

출판등록	2004. 12. 1(제2012-000051호)
주소	서울특별시 금천구 가산디지털 1로 168, 우림라이온스밸리 B동 B111호, B113~115호
홈페이지	www.book.co.kr
전화번호	(02)2026-5777 팩스 (02)3159-9637
ISBN	979-11-7224-945-8 03810 (종이책) 979-11-7224-946-5 05810 (전자책)

잘못된 책은 구입한 곳에서 교환해드립니다.
이 책은 저작권법에 따라 보호받는 저작물이므로 무단 전재와 복제를 금합니다.
본 도서는 (주)북랩이 보유한 리코 인쇄 장비 등 자체 생산 인프라를 통해 제작되었습니다.

작가 연락처 문의 ▶ ask.book.co.kr
전용 게시판에 문의를 남기시면 저자에게 직접 전달됩니다.

(주)북랩 성공출판의 파트너
북랩 홈페이지와 SNS에서 다양한 출판 솔루션을 만나 보세요!
홈페이지 book.co.kr • **블로그** blog.naver.com/essaybook • **출판문의** text@book.co.kr
카톡채널 북랩

삶의 여백에 피어나는 고요한 성찰의 기록

여백에 이는 바람 소리

김영채 수필과 시

눈 내린 산자락의 침묵, 새 생명의 숨결
낡은 헌책방 조명 아래

지나간 시간을 더듬으며
마침내 발견하는 존재의 미소

북랩

책을 내면서

　늦게서야 수필과 담소하는 시간이 있었다. 작품을 써 내려가면서 젊은 시절 문학에 대한 집념을 다시 돌아보게 되었다. 지난날 아쉽게도 문학과 거리가 있었지만, 문학과의 애착을 갖고 오랫동안 나름대로 진솔한 '나'를 작품으로 표현하고 싶었다. 이번 수필과 더불어 시도 펴내면서 독자와 소통하고 말없이 존재하는 모든 사물과 이야기 나누고 싶었다.

　인생은 끝없이 이어지는 삶 속에서 먼 길을 향해 떠나가는 나그네 같다. 언제 종착지에 닿을지 모르지만, 터벅터벅 길을 걸어가는 여정이 아닌가 생각이 든다.

 그런 길을 가다 보면 싱그러운 봄바람이 불어오기도 하고, 갑자기 비바람이 폭우를 쏟아 내어 두려움에 빠지게도 하고, 소슬바람이 부는 가을엔 잠시 가는 길을 멈추고 간직한 꿈을 찾아보게도 한다. 또한 흰 눈이 소복이 내리는 겨울엔 눈길에 남긴 발자국 따라 지난 흔적들을 반추하며, 긴 겨울밤에 자신과 이야기 나누기도 한다. 그 찾아가는 인생길에서 글로 담아 둔 작품이 반갑게 맞이한다.

일상에서 우리는 많은 대화를 나누며 생활한다. 혼잣말로 이야기하고, 여러 사람이 좌담도 하며 느낌과 행동으로 감정을 표현한다. 잠시 문학 장르를 생각하면 시, 수필, 소설, 희곡 등 여러 문학 장르 안에 머물고 있는지, 문학 작품도 장르마다 고독한 대화로 교감할 수 있는 열린 작품이 되어야 하지 않을까? 이런 시각에서 마음의 문을 여는 수필과 시를 책에 담아 보았다. 작품 편수가 적어서 아쉬움이 남는다.

차례

책을 내면서   5

제1부
수필
여백에 이는 바람 소리

겨울 산자락에서	14
겨울 아오자이	20
그녀의 눈물	26
낯선 산길 오르며	33
담바고	40
당신의 유산	47
돌팔이	53

마지막 메시지	59
봄의 향수	66
삶과 죽음의 가교에서	70
신호등	78
아파트의 계절	84
여름밤의 꿈	88
여백에 이는 바람 소리	95
여행 가방	101
운수 좋은 날	108
이발소	114
장고 소리	120
증기 열차	129
천년의 바람	136
첫술	142
헌책방	148

제2부
시
마음 소리 새겨진 그림

가을 신호등	154
그 자리	156
노란 잎새	158
단비	160
달빛	161
도봉산 춤	162
떠난다기에	164
마음 소리 새겨진 그림	166
멈춰 선 길	168
멍청이	170

목소리	172
밤거리	174
백연白蓮	176
비가 내린다	178
빗줄기	180
숨소리	182
아파트 숲	184
울림	185
인연 꽃	186
창밖 모란	188

제1부
수필

여백에 이는 바람 소리

겨울 산자락에서

 매서운 칼바람이 몰아치는 겨울 산에 오르면 마음도 차갑고 쓰리게 아픔이 온다. 휑하니 빈 가슴을 더 아프게 자극하는 것 같다. 그러나 흰 눈 덮인 겨울 산은 그렇지 않게 느껴진다. 눈 덮인 산은 포근한 안식처와 같다. 어릴 때 포근히 안긴 어머니 품속과 같은 겨울 산이다.

 눈 쌓인 산에 오르다 보면 나무마다 눈꽃을 피워 찬 바람결에 흔들리는 자태를 드러낸다. 키 작은 나무는 엷은 눈꽃을 잔가지에 피워 내고, 쭉 늘어진 소나무는 탐스러운 눈꽃을 안고 반짝이는 웃음을 지어 본다. 떡갈나무도 메마른 잎 사이로 작은 눈꽃을 자랑처럼 뽐낸다. 참나무 가지들은 쭉쭉 긴 팔 벌리듯 눈꽃을 높게 받치고 신화 속 거인처럼 웃는다. 나무마다 제각각 뻗어 가는 줄기가 얽힌 듯 하늘 쪽으로 향해 자연스럽게 엮어 가는 형상이 오묘한 조화처럼 보인다. 눈 덮인 바위들도 짧고, 넓은 눈꽃들을 다소곳이 안아 펼쳐 놓는다. 산등성이를 타고 이어지는 하얀 산들은 겨울 속에 조용히 침묵하고 있다. 겨울 산은 영혼의 안식을 찾아 헤매다 묵상하는 내 마음처럼 잠잠한 침묵 속에 잠겨 들고, 겨우내 잠자는 생명들을 보듬어 안고 긴 동면의 시간을 포근히 감싸며 다가올 봄을 꿈꾸어 가고 있다.

묵상에 잠긴 겨울 산에는 가깝고 먼 소리가 들려온다. 끊임없이 몰아치는 칼바람이 스쳐 갈 때마다 벌거벗은 나무들의 가지가 흔들린다. 바람은 크고 작은 나뭇가지에서, 산 능선을 넘어 골짜기 계곡을 휘돌아 가면서, 소리를 낸다. 현악기 소리처럼 현에서 울리는 바이올린, 비올라, 첼로 음이 울려온다. 비발디의 〈겨울〉이 섬세하게 가슴 저미도록 울려오는가 싶으면, 고즈넉이 울려오는 가야금, 거문고, 아쟁 소리로 나를 잔잔한 심연으로 이끌어 간다. 몸통이 크고 키 큰 소나무나 굴참나무, 자작나무에 기대어 귀를 가만히 대 보면 목관악기의 소리가 울려온다. 긴 울림과 경쾌한 음들이 내 마음을 맑고 청명하게 눈 뜨게 한다. 또한 눈 덮인 겨울 산에서 들려오는 소리는 악기에서 들을 수 없는 또 다른 바람, 눈, 나무, 바위, 계곡들의 소리가 하모니처럼 간간이 들려주는 순수한 자연의 소리가 있다. 그 소리들은 겨울 산만이 간직한 자연의 소리, 인간의 깊은 내면에서 들을 수 있는 순수한 영혼의 소리일 것이다. 이런 소리가 듣고 싶어서 눈 덮인 산, 하얀 눈 내리는 겨울 산자락을 오르고 싶어 한다.

　　세월의 무게만큼 굽이진 소나무처럼 중년을 한

참 넘겨 버린 나를 뒤돌아본다. 뭔가 헤매는 내 영혼과 가까이 있는 겨울 산, 하얀 눈들이 아름답게 빛나는 산에서는 묵시의 언어들이 바람을 타고 말없이 속삭인다. 눈 쌓인 숲속 길을 뿌드득뿌드득 소리와 함께 발자국을 남기며 걷다 보면 작은 산새들이 날갯짓을 하다가 쏜살같이 숨는다. 하얀 눈가루가 숲 바람에 날린다. 은빛 분말처럼 작게 스민 햇살이 빛난다. 눈이 부시다. 그때 하얀 눈빛같이 눈부시게 빛을 발하며 나타나는 빛줄기, 하얀 천을 휘감은 의상으로 언뜻 스치며 속삭임처럼 들려주는 바람 소리, 들릴 듯 말듯 숲속의 소리가 쉬 사라진다. 알 수 없는 숲길의 상념이었고, 느낌이었다.

그러나 뭔가 사랑의 손길이 닿은 마음은 평온하면서도 행복감이 젖어 온다. 숲길을 걸어 내려오다 보니 노을빛 하늘이 서서히 붉은 빛으로 물들어 가고 있었다. 해거름 골짜기를 타고 어느 산사에선가 목탁 소리가 나직이 미끄러지듯 퍼져 가고 있다. 이 산에 마음을 다시 비워 놓으라는 속삭임 같은 소리로 들려온다.

눈 쌓인 산은 휴식하는 생명들의 보금자리다. 산에서 풍기는 따스한 체온으로 벌거벗은 나무들에 따스한 온기를 불어넣기도 하고, 숲속 크고 작은 나무들의 온풍처럼 푸근히 감싸 준다. 숲속에서 동면하는 동물들이나 작은 곤충들까지도 눈 덮인 산은 더할 나위 없이 삶의 안식처다. 매섭고 추운 겨울에 깊은 잠에 빠진 생명들은 다가오는 봄을 기다림으로 꿈꾸어 가고 있다. 동면하는 산은 침묵의 봄을 잉태한 채, 이 땅에 살아온 젊은 엄마처럼 산고의 진통을 이겨 내고 있다. 첫 생명인 봄이 태어나면 온 산야에 화사한 꽃들을 만발하게 피울 것이다.

사랑스러운 생명이 소생하는 황금빛 땅에, 봄이 가까이 다가오고 있다. 매화, 산수유, 개나리, 진달래 같은 아름다운 꽃들이 봄을 희망의 화신으로 우리 곁에 몰고 온다. 오는 봄은 힘든 삶 속에 축 처진 우리네 가난한 마음마다 희망의 꽃망울을 활짝 터트린다. 겨울 산자락 끝에 서서 나에게 밀려오는 안식처 같은 평온함을 안아 본다. 산허리 계곡마다 얼음장 밑으로 흐르는 물줄기 따라 봄의 소리가 졸졸 맑게 들려오고 있었다.

겨울 아오자이

　매서운 찬바람이 주택가로 휩쓸려 가는 초겨울 오후였다. 북한산 아래로 빌라와 다가구 주택이 빽빽이 들어찬 골목길을 따라 들어선 집이었다. 나는 골목길 끝닿은 대문 앞에 멈춰서서 안내를 받았다. 좁은 반 지하 살림집으로, 두 칸 방과 주방이 전부였다. 베트남 이주민 여성이 결혼하여 가정을 이루고 살아가는 집이었다.

　오늘 그녀 집을 방문하여 이주민으로서 일상생활 속에서 잘 모르는 예절, 풍속, 언어 소통, 병원 방문 등 실생활에서 피부에 와닿는 어려움을 도와주는 여성 도우미 어르신 봉사자와 관계에서 불편한 내용은 무엇인지, 다양한 사회생활에서 쉽게 접하면서 느껴야 하는 소통 문제, 말벗, 공공기관 방문 등 실생활에서 배워야 할 일을 가르쳐 주고, 인간관계는 잘 이뤄지고 있는지 도와주고 모니터링할 겸 방문했다.

그녀는 밝은 표정으로 두 손으로 합장하며 공손히 맞이했다. 또 벽에 걸린 사진 속 딸이 초등학교 1학년생으로, 아주 노래를 잘 부른다고 자랑했다. 한국 남성과 결혼하여 이주해 온 지 벌써 10년이 다 되어 가지만 아직도 음식 만드는 것, 예절, 생활 관습도 많이 몰라 봉사하는 도우미 어르신을 한국의 친어머니라고 부르며 배우고 익히면서 살아가고 있었다.

그런데 그녀에게는 그늘진 모습을 찾아볼 수 없었다. 비좁은 방에서 비닐 쇼핑백 손잡이를 끼워 넣는 수작업으로 작으나마 돈벌이하고 있으나, 해

맑은 표정 속에는 어딘지 모르게 그녀만이 간직하고 피어나는 꿈이 어른거렸다. 꿈이 무엇인지 모르겠으나, 미래로 향하는 희망일까? 나이 차이가 많은 남편보다도 유난히 엄마를 많이 닮은 딸에게서 자기의 꿈도 함께 연꽃처럼 피어나고 있는 한국의 아오자이 여인이었다. 그녀에게서 엿볼 수 있는 또 다른 삶 속에는 지난 세월 우리 어머니들이 한을 가슴속에 삭이고 인내하며 살아온 끈질긴 모습들이 영상처럼 떠오르다 지나갔다.

그녀를 가까이 지켜보면서 젊은 시절 새로운 탈출구를 찾아 미국이나 캐나다로 이민을 떠나 버릴 꿈에 사로잡혀 내 어려웠던 생활에서 탈피해 떠나고 싶은 욕망에 들뜨기도 했으나, 현실은 냉정했다. 특수한 기술도 없는 내게 취업 이민도 어렵고, 이주하는 것도 쉽지 않거니와 투자비도 만만치 않아 꿈을 접어야 했다.

도우미 엄마 봉사자와 그녀는 다정하게 손을 꼭 쥐고 이야기를 나누고 있었다. 친정엄마를 만난 듯 다정하게 보였다. 초등학생 딸 담임 선생에게 방문하여 딸아이가 잘하는 노래 재능에 대해 말씀드리고 상의하고 싶어 했다. 자식의 성장과 진료를 걱정하는 부모님 심정이라는 생각이 들었다.

　잠시 그녀에게서 40여 전 베트남 전쟁 상흔은 느껴 볼 수 없었다. 그러나 베트남 전쟁이 종국으로 치달을 즈음 네이팜탄 포화 속에서 주민들이 도로로 피신하는 행렬에는 벌거벗은 채로 공포에 질려 뛰쳐나오는 어린 소녀 사진이 미국 AP 통신을 통하여 신문 기사에 실렸다. 나는 왜? 그 사진을 떠올릴까. 우리도 한국전쟁에서 겪었듯이, 전쟁이 남긴 비극은 상흔의 잔해로 남아 내면 깊숙이 가시처럼 뿌리내리고 있다. 한 세대가 지나가도 아픈 상처는 쉬 지워지지 않았다.

　오늘 다문화 가정을 방문하여 외국 여성이 우리 문화에 적응하고 잘 정착하도록 지원하는 봉사 활동 프로그램에는 칠십 대 중반인 할머니가 도우미로 일하고 있었다. 그녀에게도 시집간 딸은 영원히 소식조차 전할 수 없는, 하늘나라로 먼저 떠나보낸 빈자리는 늘 허전했다. 항상 엄마를 걱정하는 이야기로, 전화기에서 들려오는 목소리는 깊이 잠 못 이룬 꿈속에서 들려와 가슴앓이로 무엇인가 잃어버린 듯 외롭게 지샌 밤도 여러 날이었다. 딸아이의 빈자리는 아픔으로 비어 있었다.

그런데 막내딸보다 어린 베트남 이주민을 만나 비록 이주 여성 정착 봉사 활동이지만 딸의 빈자리를 조금씩 채워 주는 정이 들어 가고 있었다. 그리고 때 묻지 않고 가족을 사랑하는 마음이 전해져 딸처럼 모르는 것은 알려 주고 가르쳐 주었다. 어떤 때는 재래시장에 함께 거닐다가 생필품을 사고, 쇼핑을 즐기며 자연스럽게 우리 생활 문화에 적응해 가도록 도와주었다. 스스로 살아가려고 엄마로서 이 땅의 아내로서 열심히 노력하는 삶이 아름다운 모습으로 내게 다가왔다.

나는 퇴직 후 무엇을 해야 하나 망설임도 많았으나, 지금의 하는 일은 작으나마 보람도 기쁨도 가슴에 담아 본다. 일상생활 속에서 생활이 어려운 노인들이 더 열악한 환경에서 병들고 혼자 힘으로 살아가기 어려운 사람들이 내미는 도움의 손길도 잡아 주고 다독여 주는 사람들 관계 속에서 적게나마 애틋한 정을 느끼기도 한다. 나는 그런 분들의 삶의 연결 속에서 더 좀 도움을 원하는 분과 도와주는 분들이 희망을 안고 튼튼한 인간관계를 잘 이어 가도록 북돋워 주는 일을 해 왔다. '내가 그분들을 위해 잘하고 있나, 누가 되지 않을까' 생각하면서 나를 다시 뒤돌아보게 되었다.

그녀의 눈물

솜털처럼 감싸이는 운무 속으로 걸어간다. 가는 바람살에 흩어 젖다 다시 쌓여 오는 희미한 미립자들이 내 몸을 휘감아 돈다. 걸어가고 있다. 적막이 인도하는 데로 가고 있다. 홀로 바위 턱에 올라 벼랑 끝에 서서 바다가 들려주는 파도 소리만 듣고 있다. 어딘가 깊은 바닷속에서 들려오는 흐느낌 같은 가느다란 소리가 들려왔다. 가만히 듣자니 흐느낌이 아니라 여자 목소리였다. 뭔가를 말하고 싶었는지 내게 말을 건넨다.

"저는 세상에 태어나서 오래 살지 못하고 생을 마감하게 되나 봐요. 짧은 삶을 외롭게 견디다 당신을 만나게 되어 참 행운이어요. 일생 동안 누군가는 꼭 만나고 싶었는데, 당신과는 무슨 인연인지 마음이 열리며 소통하고 싶은 텔레파시가 통하게 되었군요."

잠시 당황했다. 그 목소리가 들려왔을 때는 간밤 꿈속이었다. 방금 그 소리는 떨림이 있었으나, 차분히 들려왔다. 그 목소리의 주인이 누구인지 더듬어 가고 싶었다. 잠시 후, 이야기는 이어졌다.

"먼바다 적도 부근이 제 고향이어요. 아직 어려서 그런지 눈은 작으나 몸집만 자꾸 커지고 있어요."

곧 침묵이 흐르더니.

"참! 인공위성에서 지구를 내려다본 영상 사진을 본 적 있나요. 파란 색감이 아름다운 빛을 발하는 지구는 살아 숨 쉬는 생명체 같지 않나요? 헤아릴 수 없는 수많은 생명이 땅과 바다에서 생존해 가는 한 떨기 별. 우주를 향해 생명의 속삭임을 전파하는 지구. 그도 열병이 도지는 계절인 여름이 오면 바닷물이 더워져 몸살을 앓는다고요?"

 그 말소리 때문인지, 지구는 생물과 무생물의 복합체로 구성된 하나의 거대한 유기체로 살아 있는 생명체와 같이 느껴졌다. 매년 바닷물이 더워지면 불안정한 기압이 상승 기류를 타고 느리게 자전 방향으로 돌면서 그녀가 태어난다. 많은 수증기는 두터운 구름층을 이루며 강한 바람과 동반하여 동북 방향을 향해 느리게 움직여 간다.

 그렇다면 계속 이동 진로를 추적하고 싶었다. 시한부 인생 같은 그녀가 어느 방향으로 움직여 가고 있을까? 그 궤적을 쫓아 동행자로서 말벗이 되고 싶었다.

 잠시 위성 영상으로 지켜본 거대한 구름은 소용돌이에 휘감긴 채 시계 반대 방향으로 돌고 있었다. 하얀 구름 빛살로 감싸인 원형 구름 띠 속에 백자주둥이 같은 둥근 눈. 그 눈은 한여름 갓 피어난 흰 옥잠화 같았다. 마치 지구가 허연 속살을 드러내고 수줍어하는 모습이었다. 유심히 들여다보니 대만해협을 지나온 바다를 하얗게 뒤덮었다. 스펀지처럼 바닷물을 흠뻑 빨아들인 비구름은 강한 바람과 함께 북쪽으로 서서히 움직여 가고 있었다.

그런데 흥분된 음성이 들려오는 소리. 낯익은 목소리가 들려왔다.

"더워진 바다는 아우성이어요! 열을 받아 심한 고통에 시달리고. 바닷물은 구름층으로 상승하고 싶어 안달이어요. 이젠 강한 바람이 천천히 휘어 돌면, 바닷물은 온통 증발하여 무거운 구름층으로 방대하게 제 몸집을 키워 주어요. 그렇게 되면 보고 싶었던 당신을 만나게 되나요. 바다 깊은 어둠 속에 갇혀 늘 푸른 하늘로 나래를 펼쳐 포근한 숲 속에 잠기고 싶었고. 어둠이 오면 밤하늘을 보며 별 하나에 내 외로움을 전해 주고 싶어요. 맑은 공기로 감싸인 산하. 굽이도는 해안, 도시, 평야와 강줄기를 거슬러 쭉 뻗친 아름다운 산줄기를 더 없이 사랑하고 싶어요. 건장한 사내 같은 당신을 한없이 포옹하며 안기고 싶어요. 생애의 마지막 열정을 바치고 나면 형체 없는 운무로 사라져 버릴 운명이어요."

놀랍게도 그녀가 또 다른 대지를 열정적으로 사랑한다면 큰 재앙을 불러들일까 염려된다. 두려움과 걱정 섞인 감정을 가다듬으며 말했다.

"당신이 육지로 올라온다면 큰 재앙을 가져오고, 우리가 생존하기 위해 이룩했던 주택, 도로, 하천 시설뿐만 아니라 농어업물이 엄청난 피해를 당하게 되면 사망자가 속출할 것인데……. 슬픔은 비극으로 이어져 한을 품고, 더욱 악마가 할퀴고 간 피해 자국이라 분노할 것이요!"

이야기를 듣고 있던 그녀를 다시 영상 속에서 지켜보니 눈동자는 뚜렷하게 윤곽을 드러냈다. 더 거대해진 원형 몸집은 광대한 대양大洋을 하얀 드레스 같은 구름층으로 뒤덮으며 제주도를 향해 북상하고 있다.

그녀는 흥분된 목소리로 더듬더듬 말을 이어갔다.

"그렇다고 이동 진로를 바꿀 순 없어요. 알 수 없는 재앙에 가슴이 무척 아프고요! 그런 비극적인 일들이 벌어지다니 참으로 안타까운 심정은 어찌할 수 없네요. 너무나 괴롭네요. 허나 지구 온난화로 인해 바다 온도가 상승하여 열병을 앓은 바닷물은 방대한 수증기 증발로 열을 식혀요. 또 남은 에너지는 더 강하게 거대한 구름층을 형성하며 영역을 크게 넓혀 이동해 가고. 더욱 폭염과 가뭄으로 퍽퍽 찌든 대지는 열병을 앓은 신음 소리를 연신 토해 내며 방문을 애타게 기다리고 있어요. 단비, 아니, 폭우를 한바탕 퍼부어야 열을 식혀 대지도 병이 낫게 되겠지요."

더 이상 무어라 말할 수 없었다. 태풍의 진로는 마지막 끝자락을 향해 이동해 가고 있다.

남해안으로 무섭게 올라오면서 강한 바람은 바닷물을 온통 뒤집어 놓았다. 거센 파도는 해안선을 집어삼킬 듯이 몰아치며 무섭게 내리쳤다. 검은 비구름은 굵은 빗줄기를 쏟아내기 시작했고, 더 내륙으로 올라오자 산줄기에 막힌 구름층은 물안개를 이루며 장대비 같은 빗줄기를 퍼부어 댔다. 삽시간에 불어난 빗물은 계곡이나 개천은 말할 나위 없이 강줄기도 물로 넘쳐났다. 그러자 벼락이 내리치더니 삽시간에 마을, 도시는 암흑으로 휩싸였다. 겁먹은 사람들은 공포에 사로잡혀 신음과 아우성, 탄식 소리 그리고 가슴 아픈 눈물은 불어나는 강물 속으로 잠겨 들었다.

눈물 젖은 그녀의 모습은 어느새 운무 속으로 흔적도 없이 사라져 갔다. 그 밀월 같은 짧은 만남은 허전한 가슴속에 실비처럼 젖어 왔다.

낯선 산길 오르며

　낯선 길로 들어섰다. 푸른 잔솔이 펼쳐진 길을 따라 걸었다. 작달막한 나무들은 싱그러운 바람이 스칠 때마다 웃음 머금은 듯 나뭇잎은 흔들렸다. 구릉 같은 산길로 접어들자, 계곡물이 맑게 흐르고 있었다. 물소리에 이끌려 잠시 걸음을 멈췄다. 맑은 소리는 소곤거리듯 작게만 들려왔다. 물소리가 들리는가 싶더니, 멀리서 가까워지는 또 다른 소리는 구슬펐다.

　상여꾼들의 소리였다. 수십여 개의 만장을 앞세

위 꽃상여는 뒤따랐다. 요령잡이의 선소리에 맞춰 소리는 이어졌다.

"어, 노! 어, 노!"

상여꾼들의 떨리는 듯 구슬픈 소리는 요령 소리와 어우러져 죽은 자가 떠나가는 마지막 길을 위로했다. 뒤따르는 산 자들의 마음도 편안함을 가져다주었다. 유난히 눈에 들어오는 어린 상주는 상엿소리를 가슴에 새겼을까? 어린 맘에 죽음은 꽃잎이 떨어지는 모습처럼 보였을까. 떠나지 못한 영혼은 꽃상여 위로 무늬 나비가 되어 맴돌고 있지 않을까? 이런 생각에 젖어 올 때, 꽃상여는 더 멀어져 가고 있었다. 구성지게 들리는 상엿소리는 귀가에 여운을 남겼다. '그럼 나는 어디서 와서, 어디로 가나?' 문득 마음속에 새기듯 되물어 보았다.

그러다 한참 동안 섬광처럼 스쳐 지나가는 아픈 상흔이었다. 유년의 기억들이 문득 나를 깨웠다.

계곡 옆길로 걸음을 재촉했다. 그때 숲속에서 웬 딱새가 퍼드덕 날았다. 깜짝 놀랐으나, 시선은

덤불숲 안쪽 나뭇가지에 멈췄다. 둥지엔 작은 새끼들이 웅크린 채 노란 주둥이를 위로 귀엽게 내밀고 울어 댔다. 발길을 옮기자 내 머리를 스치듯 날아온 어미 딱새는 둥지 위 나뭇가지에 앉아 경계하듯 안절부절 바삐 움직였다. 둥지로 가까이 다가가자, 어미 딱새는 어느새 머리 위로 휙 날아와 반대편 나뭇가지에 앉아 날개를 퍼덕였다. 둥지에서 반대쪽으로 내 시선을 끌 듯 관심을 보였다.

"왜 그러니?"

작은 소리로 물었다. 딱새는 머뭇거리다 재잘거렸다.

"왠지 겁이 났어요. 내 새끼들을 해칠까? 그런데 당신은 어린 새끼들을 사랑스러운 눈빛으로 안아 주었어요. 그래서 맘이 놓였어요."

나는 다정히 웃었다. 그도 가볍게 날갯짓했다.

바위들이 듬성듬성 흩어져 있는 능선을 오르고 있다. 이어진 능선 아래로는 작은 잡목들이 뒤엉켜 초록빛 물결처럼 흔들렸다. 더 걷다가 방석 같은 바위를 힘겹게 밟고 올라섰다. 끝없이 펼쳐진 바다가 한눈에 들어왔다. 수평선 위로는 가물가물 구름층이 여울져 가고. 능선 위로 올라서자 막다른 봉우리였다. 발아래는 수직으로 깎아지른 듯한 절벽이었다. 한 마리 갈매기는 낭떠러지 아래로 곡선을 긋듯 바다 위를 날아가고 있다. 넓은 바다는 고요했다. 내 주위를 감싸는 정적은 산과 바다, 가파른 절벽은 마치 한 폭의 화선지에 붓으로 진하게 그려낸 수묵화 같았다. 바윗돌 위에 서 있는 나는 외로웠다.

그런데 왜 이곳까지 홀로 왔을까? 스스로 자문自問도 해 봤다. 아무 대답은 없다. 허나 이 벼랑 끝으로 위태롭게 올라선 바위는 불안감보다도 아늑함을 가져다주었다. 해안가로 밀려드는 파도는 하얀 물결을 솟구치며 물방울처럼 부서졌다. 가늘게 부서지는 물거품을 지켜볼 때마다 시간이라는 실체는 무수한 물거품같이 사라지다 연이어 밀려오는 파도처럼 생성되어 가는가? 무한히 변화하는 자연 속에서 유한적 존재인 나는 시간의 물결 위에 작은 조각배처럼 떠서 어디로 흘러가는가. 목적지는 어디란 말인가? 그런 의문이 들었다.

해안 굴곡에서 뻗어 있는 산줄기를 굽어보았다. 산줄기를 향해 날아가는 솔개는 바람 따라 유유히 비상하고 있었다. 허공을 가르듯 나는 모습은 신기하게도 아름다워 보였다. 하늘을 날아가는 새는 아무 흔적도 남기지 않은 채 비행하고 있지 않는가. '여조비공중은 족적불가득(如鳥飛空中 足迹不可)'이라. 이런 불경의 구절이 생각났다. 땅에서 솟아올라 공중을 날아가는 새는 아무 흔적도 남기지 않는다. 바로 그 새는 분명히 땅과 하늘을 오가며 살아가는 생명체다. 시간의 흐름에 따라 그가 살아갔던 흔적은 지워지지 않고 재탄생할 수 있지 않은가. 나름대로 의미를 새겨 보았다.

늦기 전에 하산 길을 서둘러야 했다. 낯선 산길따라 숲 바위와 어울리며 올라왔지만, 쉬 떠나기가 아쉬워 발길을 잠시 멈추고 앉았다. 바람은 나뭇가지 사이로 불어왔다. 바람이 스치듯 불어올 때마다 나뭇잎은 잔잔히 흔들렸다. 나뭇잎의 흔들림은 내 가슴속으로 울림처럼 전해졌다. 울림이 전해 올 때 나는 파장을 느꼈고, 곧 우주에서 전해지는 흔들림을 느끼게 했다. 우주는 내 안에서 울림을 전해 주고 있다. 나는 황홀했다.

바삐 발걸음을 재촉하며 하산했지만, 어둠은 산자락으로 밀려왔다. 깊게 심호흡을 했다. 마음은 편안히 가라앉았다. 오늘 산행에서 생사를 넘어 자문도 하였고, 많은 대화자를 만났다. 또 존재하는 대상과의 소통은 상호 존경이었으며, 소중한 교감이었다. 이 변화하는 대자연에서 나와 만났던 존재물과 함께 내면 깊숙이 맑게 흐르는 이야기를 들려주고, 듣기도 했다. 이런 소통의 세계 속에서 글을 쓰고 그들과 대화하며 또 다른 이야기 속으로 세계를 창조하는 작업을 쉼 없이 해야겠다.

밤하늘에는 셀 수 없는 수많은 별 무리는 운행하고, 가끔 별똥별도 하강 선을 그려 가며 밝게 사라져 갔다. 저 무수한 별마다 하나하나 소통할 수 있는 선을 이어 주고 연결하는 작업을 내 안의 우주에서 끝없이 하고 싶다.

담바고

　스무 살이 될 무렵, 친구들은 거의 담배를 피웠다. 몸에서 담배 냄새가 풍기는 걸 성인이 되는 통과 의례쯤으로 여겨 자랑으로 삼았다. 그래야 어른이 되는 양 친구들은 궐련을 피우기도 하고, 엽연초를 종이에 말아 피우며 진한 연기를 뿜어냈다. 나도 그들 속에 끼어 담배를 피웠다. 줄담배를 깊게 빨아 마신 후, 연기를 길게 내뿜으며 젖어 오는 자극에 매료되었다. 항시 친구들과 만나면 약속이나 한 듯 개비 담배를 나눠 피우면서, 가끔 연기를 입속에 흠뻑 마시고 입술을 약간 벌려 작은 원들이 빙글빙글 돌아 입속에서 계속 풍겨 나왔다. 재미 삼아 하는 연기 놀이였으나, 쉽지 않았다. 그즈음 담배를 조선시대 고어인 '담바고'라고 다정한 친구처럼 불렀다.

"헤이! 담바고 한 개비."

부르면 담배 한 개비를 뽑아 주었다. 그에 대한 애착도 해를 거듭할수록 더해 갔다. 나의 벗 '담바고'라고 아끼듯 자주 불렀다. 사회생활에서 인간관계뿐만 아니라 직장 생활에서도 달갑지 않게 받은 스트레스, 갈등, 불만, 고통 이런 것들도 담배를 피우며, 참을 인忍 자 몇 번만 머리에 새기고 길게 내뿜은 연기에 묻혀 사라져 버렸다.

애연가들이 모이는 흡연실은 담배를 서로 권하고, 라이터 불을 붙여 주는 인간미가 넘치는 장소다. 담배라는 매개체로 이어지는 인간적인 예의였다. 이런 담배도 차도茶道처럼 예법을 갖춘 인간관계의 매개체로서 법도法道를 육성하는 것도 바람직하지 않을까? 그러나 담배는 인간이 손쉽게 얻을 수 있는 엽연초로 마력을 지닌 중독성 식물이라는 생각이 들어, 맛에 길들면 수시로 피워 대며 자극적인 맛에 쉽게 빠져들게 하는 기호품이라 예법을 갖춘다는 것이 어렵다는 생각도 해 본다.

 계절이 바뀌고 첫눈을 맞이하는 벅찬 감동은 설렘처럼 가슴속에 와닿았다. 그러자 습관처럼 급히 생각나는 담배를 움켜쥐고 흡연실로 들어섰다. 흡연실에는 어느새 첫눈을 벗 삼아 담배를 즐기는 직장 애연가들이 자욱한 연기를 뿜어내고 있었다. 한 개비를 꺼내 라이터 불에 붙였다. 첫 모금 깊게 빨아 마신 연기를 뿜어냈다. 가느다랗게 피어오르는 실선들이 곡선, 원, 반원들을 파르라니 그리며 허공으로 흩어진다. 연기가 만들어 낸 가느다란 선들이 작은 공간 속에서 얽혀 그려 가는 선의 그림, '마치 영혼이 흔들리면서 흔적을 지우며 떠나는 한 줄기 미로의 길이 아닐까?' 이런 상상도 해 본다. 그리고 두 손가락 사이에 물려 있는 담배를 한 모금씩 쭉 빨아 폐 속 깊숙이 잠겨 들게 한 후, 길게 연기를 뿜어낼 때마다 느껴오는 자극은 흐뭇한 기분으로 아늑히 빠져들게 한다. 줄담배로 이어질 때면 꿈속을 유영하듯 잠겨 든다. 잠시나마 평온과 안락을 가져다주었다.

그 맛에 애착이 많았던 내게 신체적 이상 징후가 느껴지기 시작했다. 몇 개월 전부터 담배를 심하게 피운 날은 목 안이 잠기고, 이물질이 목에 박혀 있는 느낌을 받았다. 기침을 자주 하게 되면서, 아침에는 목이 막히고 쉬어 오는 감이 들었다. 담배를 두 갑 넘게 피워 댄 것이 화근이었다. 아침에 가슴이 답답하고, 목이 심하게 아팠다. 한참 동안 나오는 기침으로 얼굴은 벌겋게 달아올랐다. 식은땀은 얼굴부터 등을 타고 허리로 흘렀다. 현기증은 나를 허공 속으로 빙빙 돌리는 것 같아, 겨우 몸을 추슬러 병원에 도착했다. 이비인후과 의사는 내 목 안을 반사경으로 정밀히 들여다보며 진찰하였다. 잠시 후 의사는 내게 물었다.

"담배는 피우신 지 몇 년 되셨나요."

"예, 삼십여 년 됐습니다."

의사는 신중한 표정으로 진찰 소견을 설명했다.
"현재 후두 부위가 상당히 부어올랐는데, 침을 삼킬 때도 거북할 것입니다. 부어오른 부위는 처방으로 치료가 되나, 후두염을 방치하고 계속 담배를 피울 경우 후두암이나 폐암으로 발전할 위험이 있으니 중요한 것은 최우선적으로 담배를 끊어야 합니다."

거의 법정 선고같이 말했다. 의사 소견을 듣고 덜컥 겁이 났다. 어느새 식은땀은 이마를 적셨다. 병원을 나오는데, 내리는 눈이 잿빛으로 어두워 보였다. 집에 돌아와 안정을 찾고 있자니 갑자기 스쳐 지나가는 얼굴들이 떠올랐다. 전 직장 선배 과장이 후두암 수술 후 목 밑에 구멍 뚫린 자리로 인공후두기를 달고, 작은 벨 소리 울림처럼 말하는 초췌한 허수아비 같은 모습이 보였다. 가슴이 저미도록 아팠다. 그리고 폐암으로 입원한 친구를 위문하러 갔을 때, 항암치료로 머리는 다 빠지고 메마른 몸으로 병상에 누운 채, 눈물 적신 눈가를 조심스럽게 닦으며 방문한 친구들 손을 꼭 잡으면서 조용히 말했다.

"십 년 전에만 담배를 끊었으면, 이 병에 걸리지 않았을 텐데. 너희 중에 담배 피우는 사람은 꼭 부탁인데, 나를 보고 담배를 끊어라."

위로도 달리할 수 없는 무거운 분위기였다. 병실을 나오며 다시 뒤돌아보니, 나한테 하는 말인 것 같았다.

사실 내 온몸 구석구석에 수없이 많은 각질처럼 배어 있는 니코틴, 타르들이 남아 암적 뿌리로, 신체에 조금씩 파고들어 가 나를 병들게 하고 있는지 모른다. 이런 두려움이 불안감으로 짓눌렀다. 그것에서 묻어나는 니코틴이 수십 년간 뇌신경 자극으로 중독증에 젖어 영혼의 위로자처럼 의지하며 삶을 영위해 왔다는 사실이 원망스러웠다. 암적 존재가 폐 속에 파고 들어가 암세포를 번식시켜 하나의 생명을 서서히 병들게 하고 있지는 않을까?

야누스의 두 얼굴과 같이 생사를 선택해야 할 기

로에선 자신을 뒤돌아보게 하고 있다. 오랜 동반자로서 나와 희로애락을 함께 겪어 온 벗이자 가장 아끼는 기호품이 아닌가. 오랫동안 내 생명을 담보로 서서히 나를 죽이고 있었다는 사실에 큰 충격을 받았지만, 그토록 사랑하며 함께 살아온 그와 이별이 그리 쉽지 않을 것 같다. 하지만 니코틴의 늪에 빠져 허우적거리며 내 삶을 망치고 싶지 않다. 이런 불안감에서 벗어나고자 자신에게 외마디처럼 소리쳤다.

"아! 나의 벗 담바고, 오랜 인연도 이제는, 너와 잔인한 이별이다!"

외침은 목구멍을 타고 가슴을 울리더니 폐 속으로 떨림처럼 퍼져 나갔다. 답답한 장벽이 툭 터진 것처럼 빈 가슴엔 맑은 공기가 쉼 없이 내 생명을 정화해 주는 것 같다. 긴 숨을 내쉰다. 오랜 동반자 같은 '담바고'와 이별은 견디기 힘들지만, 생명이란 누구나 소중한 만큼 자기 스스로 책임질 줄 아는 의지를 가져야 한다고.

당신의 유산

　중환자실이었다. 당신은 누워 있다. 환한 형광 불빛 아래 무덤처럼 누워 있다. 파란 담요에 덥힌 채, 가끔 숨을 헐떡이다가 초점 잃은 눈동자를 느리게 껌벅인다. 인공호흡기는 깊게 콧속에 박혀 있다. 침대 위로 매달린 링거병에서 손목에 꽂힌 주삿바늘로 무디게 떨어지는 방울마다 핏속에 스며들어 당신의 생명을 순간순간 이어 주고 있다.

　이 환자실에 자리한 당신을 시시각각 체크하는 의료 기기는 묵묵히 삶과 죽음의 경계선을 그래프로 연결해 가고 있다. 아마 마음 한구석에는 지난 삶의 자취들이 마지막 궤적처럼 아프게 그려지고 있을 것이다. 이럴 때 당신의 영혼은 살아온 궤적을 벗어난 채 다른 세계로 떠나야 하나?

이십여 일이 지나, 병세는 조금씩 좋아져 일반 병실로 옮기게 되었다. 주름진 얼굴에는 어린애 같은 순박함이 배어 있다. 숨이 막혀 가슴을 움켜쥘 때마다 고통스럽던 모습도 병실을 옮긴 후 평온하게 보였다. 지병으로 앓아 온 '심장판막 폐쇄부전증' 병은 초라한 노파의 심장을 옥죄이며 통증으로 괴롭혔다. 당신은 갈수록 쇠약해져 가냘픈 호흡으로 겨우 생명을 이어 가고 있다.

핏기 없는 손을 내가 가만히 어루만졌을 때, 당신은 잠시 눈을 감으시다가 입을 열었다.

"니 아부지가 뵈여. 숨을 헐떡이다 운명한 모습이 선한디."

말을 더 잇지는 않고, 힘없는 눈빛으로 나를 올려다보았다. 어쩌면 당신은 지울 수 없는 그해를 떠올리고 있는가 보다.

냇가 빨래터에 당신이 갔을 때, 이웃 아낙네들이 놀란 얼굴로 말을 이었다.

"서울서 난리가 났대야?"

"무슨 난리?"

"이북 공산당이 쳐들어왔대야!"

당신에게 뭔가 철렁 내려앉은 불길한 예감은 찬 바람이 스치듯 지나갔다. 놀란 나머지 빨았던 옷가지를 주섬주섬 챙겨 집으로 가는 길이었다. 나뭇가지에 새까맣게 앉아 있던 까마귀 떼가 느닷없이 날더니 홰를 치듯 요란스럽게 울어 댔다. 가슴은 덜렁덜렁 방망이질을 해 댔다. 마을 사람들은 겁먹은 표정으로 전쟁이 났다고 삼삼오오 모여 서로 귓속말로 수군거리고 있었다.

그해 여름 총성은 연이어 터져 나갔다. 꼬리를 물고 날카롭게 터지는 소리는 사람들을 공포로 몰아넣었다. 초가을로 접어들어 다시 울리는 총성은 당신의 남편을 앗아 갔다. 병상에 누워 보름도 못 넘기고 스물아홉에 생을 마감했다. 상흔이 남긴 아품을 다 추스르지도 못한 채, 그 겨울 당신의 두 살배기 아들을 열병으로 또 잃었다. 시련은 슬픔보다도 당신의 눈물을 더 메마르게 했다. 어린 자식들과 살아가기 위해 강해져야 한다고 입술을 깨물었다.

당신이 외아들 집안 며느리로 시집와서 첫딸을 낳고 내리 두 아들을 낳자, 시어머니 시집살이는 배추 순이 푹 죽듯이 잦아들었다. 남편은 결혼 후 한 해를 넘기더니 도청 소재지 관공서에 취직되어 하숙 생활을 했다. 주말마다 만나는 부부로서 늘 긴장하며 서먹서먹하게 살아왔다. 둘째 애가 갓 임신하던 해에 남편은 직장에서 멀지 않은 하숙집도, 이곳 도시도 볼 겸 토요일에 오라는 연락이 왔다.

그날 한옥들이 즐비하게 들어찬 골목길 안쪽 하숙집을 찾아갔다. 반갑게 맞이한 남편과 함께 확 트인 도회 길을 걸었다. 큰 건물 앞에 이르러 남편이 안내해 준 극장에 처음 들어갔다. 영화를 보았으나, 줄거리는 어떻게 이어지는지 이해가 되지 않았다. 다만 춤추는 무희의 영화라는 것만 어렴풋이 알았다. 아내의 표정을 읽은 남편은 웃으며 영화에 대해 들려주었다.

"영화는 세계적 무희 그 '최승희'의 젊은 시절 뛰어난 무용가로 성장하는 줄거리였네. 초립동, 보살춤, 칼춤도 잘 췄지, 참! 동경서 공부하던 때에 이 영화 〈반도의 무희〉를 정말 보고 싶었는디. 여보, 함께 봤네그려."

부부는 도란도란 이야기 나누며 밤길 따라 하숙집으로 발걸음을 옮겼다.

지금 당신은 가물거리는 지난 일들을 떠올리기도 쉽지 않다. 다만, 짧은 결혼생활 중 가장 행복했던 추억을 가슴속 깊이 안고 살아왔다. 오후 늦게야 내가 병실에 들어서니 또다시 호흡이 가빠졌다. 잠시 안정을 찾으면서 당신은 병상을 지켜 주던 며느리의 손을 힘없이 잡으며 낮은 목소리로 말했다.

"내가 애미 많이 서운하게 해서…… 미안한디,

이젠 애미가 풀어라!"

"아니오…… 어머니! 저도 잘해 드리지 못했어요."

둘이서는, 아니, 고부 간은 한참 말없이 눈물만 적셨다. 나는 우두커니 서 있는 아들로서 정작 무슨 말을 해 드려야 하나? 말없이 시간은 흘러갔다.

자정이 넘을 때쯤, 당신은 며느리의 부축을 받아 겨우 몸을 일으켜 이동식 좌변기에 녹즙 같은 배내똥을 질퍽이 쏟아냈다. 텅 빈 배를 안고 누워 있는 얼굴에는 이상할 정도로 평온한 빛이 감돌았다. 그러나 다음 날 저녁 무렵 갑자기 호흡이 거칠어지더니, 초점 잃은 눈동자는 어두워져 갔다. 나는 당신의 손을 가만히 쥐고 조심스럽게 말했다.

"어머니! 할 말은 없으셔요?"

말을 건네자, 메마른 목소리로 "잘 있어어……." 한마디를 나직이 흘리시고, 당신은 영원한 하늘나라로 떠나셨다.

돌팔이

병원 입구에 들어섰다. 알레르기 비염을 치료받기 위해 찾았다. 햇살 아래 보라색 라일락 꽃향기는 진하게 배어 왔다. 왠지 병원 앞 분위기는 심상치 않았다. 흰 천막이 처진 옆으로 구호가 걸렸다. '생사람 죽이는 곳이 병원이냐!', '병원장은 모든 책임을 져라!' 두건과 검은 상복을 입은 일단의 사람들이 꽹과리, 북을 치며 외쳐 댄다. 그 광경을 무심코 주시하던 내게도 유인물을 전해 준다. 아마, 젊은 산모가 제왕절개 수술로 출산 후에 마취에서 깨어나지 못해 사망한 사고였다. 쉽게 누구의 잘못이라고 단언할 수 없었다.

치료받으러 찾았던 병원 문턱에서 이런 광경을 목격하다니, 마음이 무거웠다. 실로 이런 의료 사고는 주변에서 심심찮게 발생하곤 했다. 사람이 사람의 생명을 치유하는 행위는 쉽지 않다고 하겠다. 그것도 사람의 신체에 도사리고 있는 환부를 수술한다든가, 시술하는 의료 행위는 예상치 못한 위험이 도사리고 있다. 아무리 명인 의사라도 과학적 의료 장비에 의존해서 신체에 가하는 치료 행위마다 모두 다 완벽할 수 없다고 하겠다. 조금 부족한 치료 부분은 사람 스스로 원상태로 회복하려는 자연적인 치유력도 갖고 있다. 그런데도 의료 사고는 의사나 환자의 능력 밖의 영역이었나? 첨단 의료 장비를 갖추어도 인간의 한계는 있기 마련인가? 의구심은 이어졌다.

유년 시절에 무더웠던 여름이었다. 매미는 유난히 큰 소리로 울어 댔다. 더위를 먹었는지 땀띠는

좁쌀처럼 벌겋게 목 옆으로 솟아올라 가려웠다. 또 배 왼쪽 아래 부위가 부어올랐다. 걸음도 제대로 걸을 수 없는 지경이었다. 나도 모르게 왼쪽 뱃속에 염증이 부어올라 열이 오르고 시름시름 앓아누웠다. 부축을 받으며 겨우 읍내 보건소에서 진찰받았다. 보건소장의 진찰 소견은 페니실린 주사와 먹는 약 복용으로 곧 염증이 가라앉는다고 했다. 그러나 날이 갈수록 염증 부위는 커지고, 아무런 차도 없이 식은땀과 고열로 열꽃은 가슴 부위로 돋았다. 내 병 상태를 위태롭게 느낀 어머니는 다른 의사에게 진찰을 부탁했다. 왕진 왔던 의사는 배 아래 환부를 만지더니 깜짝 놀라는 기색이었다. 내일 당장 수술로 뱃속 염증을 제거해야 하는데, 만일 그대로 방치하다가 염증이 터지게 되는 경우 어린애 생명까지 위태로울 수 있다고 했다. 그리고 내일 수술을 받기 위해서는 물만 적게 먹어야 한다기에 어머니도 놀라서 수술을 허락하고 곧장 숭늉만 주었다.

부분 마취로 수술받을 때 통증은 온몸을 떨게 했다. 살갗을 절개할 때는 아픔을 못 느꼈으나 수술 중에는 심한 통증으로 발버둥 쳤다. 머리 위로 노란 불꽃이 뛰듯 아프게 쑤셔 왔다. 온몸이 땀에 젖은 후에야 수술이 잘 마친 줄 알았다. 하마터면 나도 모르게 죽음에 이르다가 겨우 살아났다. 그 후에도 매일 의사 선생님은 왕진을 왔다. 주사를 놓고 환부를 잘 치료해 주었다. 며칠이 지나 의사 선생님이 왕진을 와서 치료 중에 갑자기 보건소장도 왕진을 왔다. 내가 원래 자기 환자였는데, 다른 의사가 치료 중이라 놀란 기색이었다. 두 의사 사이에 분위가 어둡게 흘렀다. 그때 어머니는 조심스럽게 말문을 열었다.

"하도 아이가 열이 차오르고, 뱃속 염증이 터지면 죽을지 모른다고 해서 할 수 없이 수술부터 했고만요."

그 말을 듣자, 보건소장은 아무 말 없이 상기된 표정으로 왕진 가방을 들고 집 밖으로 나갔다. 뒷모습은 어딘지 모르게 쓸쓸해 보였다.

보건소장은 일제강점기 때 일본으로 건너가 의과대학을 졸업했고, 의사 면허를 갖춘 의사였다. 하지만 사람들은 그의 의술을 신통찮게 여겼다. 청진기로 진찰하거나 약을 처방하고 주사나 놓은 의료행위가 다반사였다. 어쩌다 급히 수술해야 할 맹장 환자나 살이 찢어지거나 뼈가 부러진 환자는 모두 큰 병원으로 쫓아 보냈다. 그러다 보니 의사로서 보건소장에 대한 신망을 주변 사람들에게 얻지 못했다. 간혹 사람들은 "수술도 제대로 못하는 의사가 어디 의산가? 돌팔이나 다를 바 없고만?"이라고 말했다. 그런 그의 평판은 좋지 않았다.

그러나 그 의사 선생님은 의사로서 의학 공부를 정식으로 한 바는 없었다. 의원에서 심부름하다 잡일하고 간호 보조를 하면서 눈썰미로 익혀 체험으로 의술을 배웠다. 그 젊은 나이 때에 6·25전쟁이 발발하자 곧바로 군에 입대하여 의무병으로 복무했다. 전쟁 와중에 부상당한 수많은 환자를 돌보았다. 살점이 떨어지고, 다리가 절단되거나 복부가 터지는 부상병 수술을 집도하는 의사 보조로서 외과나 정형외과적 치료에 밤낮 없이 온몸을 다 바쳐 매달렸다. 그 후 의무병 경험은 그를 의사로서 거듭나게 했다. 비록 무면허 의사였지만, 외과적 수술을 잘해 사람들로부터 신망을 얻었다. 그러나 일부 사람들은 그를 탐탁지 않게 여겼다. 사람들의 가슴앓이나 속 깊은 병, 내과적 질병을 간혹 오진하여 궁지에 몰리기도 했다. 그도 돌팔이라고 뒷말이 많았다.

 오랜만에 그 의사 선생님을 뵙게 될 때는 선생님의 아들이 지병으로 사망한 병원 장례식장에서였다. 내 생명의 은인이었다. 이제 늙어 가는 쓸쓸한 노인에 불과했다. 그 의사 선생님을 지켜보면서, 현재 나는 부족하고 돌팔이나 다름없는 한낱 인생인가? 되짚어 보고 싶다. 사람이 다 완벽할 수 없겠지만, 한 분야라도 충실히 다하지 못한 내 인생 역정은 돌팔이 같은 삶이었을까? 그런 의문은 아프게 다가왔다.

마지막 메시지

그에게서 만나자는 연락을 받았다. 얼마 전에 부탁했던 시집도 갖다 놓았다고 했다. 서점에 들어서자 쌓인 책 속에서 나를 맞았다. 그를 본 순간, 덜컥 뭔가 가슴에 내려앉는 울림을 느꼈다. 전율이라 할까! 하지만 내 색을 하지 않았다. 초췌한 얼굴은 납빛으로 어두웠다. 이야기를 나누던 중 그의 눈동자는 초점을 잃어버린 듯 보였다. 나도 모르게 "너 정신 차려!" 한숨처럼 말했다. 그는 묵묵부답하듯 3일 후 수술한다고 말을 이었다. 또 부탁한 시집과 한 권의 책을 내놓았다. 네게 꼭 전하고 싶은 귀한 책이라면서 법정의 『무소유』 초간본을 내밀었다. 거절할 수 없어 받기는 했지만, 마음이 무거웠다. 그날따라 말수가 적었다. 헤어질 무렵, 흐릿한 눈빛으로 나를 응시하더니 "어젯밤 꿈엔 파란 혼불이 보이더라?" 한마디 흘리듯 말했다.

어느 추운 겨울날, 칼바람이 휘몰아친 밤이었다. 친구들과 술자리를 마치고 어두운 골목길을 빠져나오다 소변을 참을 수 없어 담벼락에 방뇨하고 있었는데, 누군가 갑자기 뒤에서 달려들어 내 어깨를 방망이로 내려쳤다. '퍽' 얻어맞고 주저앉았다. 순간 정신이 아찔했다. "누구냐!" 외쳤지만 도망가지 않고 나를 지켜보고 있는 느낌이 들었다. 비틀거리는 취객들을 노려 지갑이나 금품을 갈취하는 놈이었다. 그때 내 이름을 부르며 녀석이 달려왔다. 빙판길에서 부축을 받고 겨우 일어났다. 하마터면 큰 봉변을 당할 뻔했다. 그는 술도 별로 좋아하지 않았고, 자상한 편이었다. 그래도 술을 좋아하는 나를 잘 챙겨 주었다.

내가 왕십리에서 직장 생활을 할 때 그는 홍익대학교 주변 대학가에 헌책방을 열었다. 책방이라 하지만 그리 넓지 않은 가게엔 낡고 오래된 책들이 수북이 쌓였다. 가끔 퇴근길에 관심 있는 책을 찾아보고, 대화도 나눌 겸 들렀다. 입구부터 겹겹이 꽂혀 있는 책들 속에 파묻혀 그는 헌책을 다듬고 손질했다. 그 모습은 언뜻 장인같이 보였다. 장시간 어둠 속에 갇혀 보잘 것도 없이 보이는 헌책을 닦아 내고 매만져 곱고 좋은 책으로 다시 햇빛을 보게 했다.

그의 헌책방 '오거서五車書'를 들를 때마다 곧잘 "어이! 도서관장 만나고 싶어 왔어." 그런 호칭에 넓은 이마는 밝아지고 환한 웃음을 머금었다. 나도 서가에 책이 꽉 들어찬 서재를 갖고 싶었으나, 이곳에 오면 서재에 푹 빠지는 기분이 들었다. 또 나를 만났을 때 가끔 서점에서 일어난 에피소드 같은 이야기도 들려주었다. 문학 지망생같이 보이는 젊은이가 자주 서점에 들르곤 했다. 한번은 시집 여러 권을 들고 겨우 한 권 값을 내기에 그의 눈빛을 보니, 너무 진심에 젖어 한 푼 받지 않고 시집을 다 넘겨주었다. 어느 날, 그 젊은이가 모 일간지 '신춘문예'에 등단했다고 찾아와 두 배의 책값을 내놓고 갔다. 어쩐지 그 젊은이는 시인으로 대성할 것 같은 예감이 들었다며 환하게 웃었다.

나름대로 열심히 서점을 꾸려 갔지만, 좀처럼 생활은 펴지지 않았다. 다만, 그에게 남다른 자부심은 마음속에 가득히 자리 잡았다. 활자 문화의 결정체인 서적 그중에서도 고서나 헌책을 팔고 사지만 그것을 잘 식별하고 값어치를 매기는 결정은 상당한 지식과 책에 대한 열정을 갖고 있어야 했다. 또 그는 종교에 관해서도 다 종교적인 견해를 갖고 폭넓게 받아들이는 열린 마음을 가졌다. 일상생활에서 죽음에 관한 생각도 나뭇잎이 떨어지고 새순이 나듯, 생사는 비가 내리고 물이 흘러가는 자연적인 순리로 보았다. 무한한 세상에서 생사는 끊임없이 변화하는 것으로 '없어졌다 다시 태어나는' 과정을 반복하면서 인간은 죽음을 두려워하지 않고 받아들일 줄 아는 마음. 즉, 내세관이 아니겠는가. 이런 믿음은 그와 자연스러운 공감으로 받아들여졌다.

그러나 하루하루 지나가는 날짜 속에서 그의 병은 깊어만 갔다. 전립선염 약을 오랫동안 복용했으나, 허리 통증은 점점 심해진다고 호소했다. 그를 만날 때마다 쇠약해지는 모습은 나에게 불안감으로 다가왔다. 전립선 압착으로 소변을 볼 수 없어 119 앰뷸런스에 실려 병원 응급실에서 겨우 요도에 작은 호수를 넣어 소변을 해소했다. 그런 상황이 자주 발생할 때마다 그는 통증을 견디기보다 전립선암 수술 후 투병 생활을 더 두려워했다. 더욱이 전립선암 뿌리가 척추로 전이되었다는 진단은 그를 위기로 몰아넣었다.

녀석과는 어릴 때부터 친했다. 만나서 허물없이 이야기 나누며 살아온 날들은 수십여 년이 훨씬 넘었다. 그런데 친했던 그가 갑자기 아닌 밤중에 홍

두꺼비처럼 사람을 놀라게 하고 죽었다는 비보가 들려왔다. 그 연락은 아픔보다도 마음속에 허전한 동공으로 남았다. 동공 속으로 들리는 목소리, 희미하게 떠오르는 모습들이 나와 함께 영상 속에 어른거렸다.

며칠 전 그와 이야기를 나눈 후, 이틀 만에 녀석은 생을 마감했다. 수술을 하루 앞두고 귀중한 목숨을 거두었다. 유서도 남기지 않은 채 저세상으로 떠나갔다. 감정은 무덤덤했다. 꿈인가 싶었다. 가족들은 슬픔에 잠겼으나, 그의 영전에 할 말이 없었다. 그런데 문자 메시지가 왔다. 보낸 사람은 바로 녀석이었다.

'먼저 떠난다.'

나도 무심결에 답신을 보냈다.

'늦게 간다.'

한참 들여다보니 하루 늦게 예약된 메시지가 아닌가? 유서 같은 마지막 메시지였다. 그리고 그가 내게 남겨준 『무소유』 책장을 넘겼을 때, 녀석은 책 속에서 배시시 웃고 있지 않은가?

봄의 향수

 바람이 걸핏 불어온다. 겨우내 움츠렸던 마음을 녹여 낸다. 꽃샘추위가 시샘하듯 때늦은 눈송이를 피우다 떠나 버렸다. 그 빈자리에 갯바람이 불어온다. 바다를 건너온 갯바람은 뭍에 올라와서 남녘 해변 매화를 그윽하게 피워 낸다. 강줄기를 타고 산자락을 굽이굽이 돌아 강변에 들어서서, 노란 산수유 향기를 안고 서서히 북상하다가 화려한 비상을 한다.

 해거름 수많은 철새 떼가 나선형으로 휘어 도는

원반처럼 힘찬 날갯짓으로 바람을 일으키며 군무를 펼친다. 아마 떠나는 아쉬움을 달래는 몸짓 같다. 철새들이 떠나간 자리엔 남녘 바람이 동구 밖 갈대 수풀 사이로 한들한들 스쳐 온다.

봄기운 젖은 언덕배기에 새싹이 돋아났다. 할멈들은 작은 바구니에 싱싱한 봄나물을 힘겹게 캐어 담는다. 주름진 손잔등에 봄볕이 흙냄새를 북돋운다. 고단한 몸으로 고샅길에 들어섰지만, 초롱초롱한 어린이들 눈망울은 보이지 않는다. 어린이들 울음소리가 떠나가고, 젊은이들의 웃음이 묻혀 버린 시골이다. 지난 보릿고개 시절, 배고픔 속에서도 어린이들의 울음이 있어 삶의 희망이 있었고, 처녀들의 순박한 웃음 속에 사랑의 가슴앓이도 있었다.

봄바람 타고 너울대는 아지랑이에 젊은이들은 울렁이는 마음 움켜쥐고 어찌할 줄 몰랐다. 나도 신기루에 홀린 듯 꿈을 찾아 도시로 떠나고 싶은 충동질이 가슴을 설레게 했다. 들뜬 젊은이들은 가슴 한 귀퉁이에 고향의 정情을 묻어 둔 채, 열차에 겨우 몸을 싣고 새로운 삶을 찾아 꿈꾸는 도시로 떠나간다.

그래서 시골 살던 동네처럼 아침이면 해를 일찍 맞이하고, 밤이면 둥그런 달이 먼저 떠오르는 산기슭 비탈 동네, 달동네에 모여들어 판자촌에 삶의 터전을 어렵사리 마련한다. 힘들어 어려울 때마다 가슴에 묻어 둔 냄새를 맡는다. 흙에 밴 삶의 냄새가 풍겨 온다. 그 속에 배어 있는 정과 꿈이 늘 고달픈 마음을 달래 주었다. 봄바람이 산기슭을 넘어 달동네 판자촌으로 불어올 때마다 향수鄕愁를 가져다주었다.

이제는 판자촌도 사라져 버리고, 달동네 재개발 아파트 군락 마을들이 성곽처럼 들어찼다. 아파트에 사는 사람들은 콘크리트 벽에 갇혀 이웃 정을 잃어버린 사람들이다. 낮고 허술한 담장과 비좁은 골목길에서 늘 만날 수 있는 판자촌 이웃들이었다.

그러나 시골 향수가 묻어나는 사람들이 점점 떠나 버린 아파트 동네. 어엿한 도시 속 마을이다. 어렵게 살아온 자취도 찾을 수 없다. 아파트 정원에 들어서면 지난 삶의 흔적들은 지워져 버렸고, 햇빛 속으로 휘돌며 부는 바람이 꽃나무 가지에 잠시 머물다 스쳐 지나간다.

내 안의 향수는 겨우내 나뭇가지에 붙어서 동면하는 애벌레의 꿈같은 그리움이 봄바람을 기다리고 있어나 보다. 애벌레가 껍질을 벗고 나오는 세상, 바람은 닫혔던 문을 활짝 열어젖힌다. 회오리도는 가슴속에는 봄바람이 싣고 온 흙냄새가 온몸에 배어든다.

삶과 죽음의 가교에서

줄지어 움직이고 있다. 한 곳으로 향하여 걸어가는 사람들 속에 나도 서 있다. 스산한 바람은 옷깃을 스쳤다. 앞에 대리석 건물이 웅장하게 버티고 있는 고려대 박물관으로 밀려가듯 들어섰다. 마치 바위 산속 동굴로 들어서서 희미한 어둠 속을 걸은 느낌이었다. 비밀스러운 보석을 찾고 싶은 눈빛으로 두리번거렸다. '파평 윤 씨 모자母子 미라 및 출토 특별유물전'을 보기 위해 전시실 2층을 찾았다.

유리관 안에는 잠자듯이 누워 있는 여인의 미라

가 있었다. 불빛 아래 벌거벗은 미라는 얼마 전만 해도 환하게 웃는 모습으로 일상에서 볼 수 있는 젊은 여인 같았다. 얼굴은 약간 눌린 듯 변형된 형태였지만, 살결은 부드럽게 돋아 보였다. 유두 아래로 흐르는 곡선을 따라 음부는 흰 천으로 살짝 가린 채였다. 그리고 곱고 갸름한 손등 아래 시선이 멈췄다. 유난히 흰 손마디는 우윳빛으로 가지런히 모여 있었다. 그 순간, 가는 손끝이 파르르 떨고 있지 않은가? 놀란 나머지 오싹 머리끝부터 발끝까지 섬광처럼 솟구쳐 오르는 전율을 온몸으로 느꼈다. 아마, 불빛의 역광이 착시 현상을 일으켜 잘못 본 것으로 판단했으나, 마음 한구석엔 떨림이 잔잔한 파동으로 밀려왔다.

미라는 '파평 윤 씨' 무연고 묘역을 발굴하는 중에 회곽 목관묘 안에서 유물과 함께 수습되었다. 수습 시 발견된 '병인 윤시월'이라는 한글 묵서를 통해 430여 년 전 겨울에 사망한 파평 윤 씨 집안 출신의 여인이었다. 희귀하게도 이 미라는 사지가 움직일 정도로 탄력이 있었으며, 살아 있는 피부 같은 부드러운 촉감으로 사람들을 놀라게 했다. 또한 대학병원에서 정밀히 조사한 결과, 출산 중에 '자궁 파열로 인한 과다출혈'로 죽음에 이르렀다. 남아男兒 태아도 자궁에 미라로 남아 있다. 이 젊은 새색시 시신은 '모자母子 미라'로 세상에 다시 태어났다.

  수습된 수많은 복식服飾 유물들을 둘러보고 나서도 미라를 보고 싶었다. 오늘이 전시 마지막 날이었고, 마지막 시간에 쫓겼다. 다시 미라를 찾았을 때는 많은 사람의 시선이 집중되고 있었다. 떠나보내는 그 여인의 나신裸身을 유심히 관찰하려고 심혈을 기울였다. 그런 중에 시선이 그 여인의 손가락에 머물렀을 때, 나는 다시 놀란 나머지 경련을 일으켰다. 혹시 떨림이 있지 않을까? 지켜보았으나, 손등 피부는 엷은 갈색으로 변해 있었다. 나는 너무나 당황했다. 그것은 살아 있는 사람들의 피부 색깔이었다.

그 여인과 함께하는 시간은 흘러가는데, 이 순간 시간은 머물고 있을까? 시간도 쉬어 가는가? 그 여인에게는 시간이 너무나 느리게 흐르고 있었단 말인가? 또다시 자문해 본다. 미라로 수백 년이 흘렀으나, 이 자리에 다소곳이 누워 있는 젊은 여인. 아니, 시간의 길고 짧음을 어떻게 해석할까? 나는 현재가 과거인지, 과거가 현재인지 갈음할 수 없는 꿈속에서 헤매고 있지 않은가? 지금 아무것도 보이지 않은 꿈의 공간에서 현실은 아름다운 꽃밭으로 뒤덮였다. 한 마리 나비는 훨훨 날아 꽃술에 살포시 앉았다. 꽃향기에 취해 눈이 번쩍 떠졌다. 그때, 파르르 떨림이 내 손끝에 다가왔다. 너울 옷자락에 감싸인 채 내민 그 여인의 손가락이었다. 나도 모르게 요동치듯 전율이 흘렀다.

깜짝 놀라 주위를 살펴보니 전시실은 희미한 조명이 드리워진 무대 같았다. 흐릿한 불빛 아래 그 여인은 머리 위로 덮은 너울을 벗더니, 잠시 나를 올려보았다. 침묵이 흐른 후에야 허공을 응시했다.

그러다가 독백처럼 말문을 열었다.

"그 추운 동짓달 분만의 진통에 몸부림쳤어요. 온몸이 땀에 흠뻑 젖어 죽도록 힘을 다 쏟다가 하혈이 심해 넋을 놓아 버렸다오……. 그 후 수십 길 낭떠러지 강물 속으로 떨어져 깨어보니 목관木棺 안이었어요. 수백 년의 고독은 꿈의 세계였다오. 우주로 통하는 무수한 별들이 어떤 때는 꽃무리가 되어 함박 웃기기도 하고, 숲의 나뭇잎처럼 흔들어 놀리기도 하고, 수많은 나비가 되어 춤을 추다 세상사 이야기도 들려주고, 내겐 소중한 벗들이었다오. 어디선가 '장자'는 '꿈에서 깬 후에야 자신이 실은 꿈을 꾸고 있던 중임을 알게 되네. 차유대각이후지차기대몽야(且有大覺而後知此其大夢也).'를 가만히 들려주었어요."

잠깐 옷깃을 여미던 여인은 웃음 머금은 얼굴로 앞을 주시하더니 입을 열었다.

"오늘은 가슴이 너무 벅차오른 날이어요. 내 영혼만 홀연히 빠져나와 유리관에 잠들고 있는 나를 내가 볼 수 있다니, 기쁘고 황홀하다고 할까. 내 나신裸身의 곡선이 저렇게 예쁠 줄이야! 한 송이 꽃처럼 아름다운 새색시……. 내 본모습을 보고 있어요. 늦게나마 나를 찾았다니. 이승을 쉬 떠나고 싶지 않아요. 그러나 때가 되면 아름다운 육신은 보잘것없는 허깨비, 낙엽처럼 휘날려 사라져 버릴 가엾은 존재. 내 가엾은 어린 핏덩이. 머지않아 내 영혼도 아침 안개가 걷히듯 피안의 강을 건너 멀고 먼 여행을 떠날걸요. 그곳은 내 영원한 본향인걸."

그런 후 여인은 몇 걸음 걷다가 휘돌듯 노란 옷고름 날리며 천천히 걸음을 멈추고 다시 입을 열었다.

"당신은 호랑나비로 보여요. 숲속을 누비는 나비. 날갯짓으로 전해 오는 파장을 느꼈어요. 누군가 내 곁에 있다는 것을 감지하고. 혹여 '장자'가 아닐까? 그런데 당신이어요. 무지개 같은 꿈을 몰고 온 나비……. 또 다른 세상에 함께 있어요. 언젠가 '장자'는 이 말을 들려주었어요. '장주가 꿈속에 나비로 변한 걸일까? 나비가 장주로 변한 것일까? 부지주지몽호접, 호접지몽위주여(不知周之夢胡蝶, 胡蝶

之夢爲周與).' 너무 긴 세월 동안 목관 안에서 외롭게 잠들다 꿈만 꾸었다오."

나는 두려웠다. 여인의 삶은 짧았고, 그림자 같은 꿈의 세월은 길었다니. 종잡을 수가 없었다. 불빛이 점차 어두워지자. 또 다른 경치가 펼쳐졌다. 푸른 초원은 곡면으로 드넓게 보였다. 어느새 무늬 날개를 펄럭이며 날고 있다. 풀밭이 움직이듯 눈 아래 스쳐 지나간다. 옆을 나르는 노랑나비는 유난히 까불어 댄다. 뭔가 눈앞 광경을 보고 놀란 듯 노랑나비는 말을 건넨다.

"저 수많은 꽃을 보세요. 황홀하지 않아요?"

놀랍게도 꽃들은 저마다 사랑의 미로를 열어 놓았다. 꽃술의 아늑한 장소, 꿀샘이 있는 길을 자외선으로 볼 수 있는 눈을 갖고 있는 나비. 꿀은 쉬얼을 수 있으나, 위험은 항상 도사리고 있는 것. 비바람이 부는 날은 꼼짝 없이 날개를 접어 움츠리고, 곁에 잽싸게 달려드는 작은 새들이 먹이로 노리기도 하고. 삶은 늘 낭떠러지에서 위태롭게 생사

生死의 고비를 넘나드는가? 그래도 아름다운 세상은 마음속에 피어난 한 떨기 향기로운 꽃이 아니던가! 잠시, 정신을 차려 보니 꿈속을 여행하듯 허망했다. 그 여인은 보이지 않는다.

　박물관의 마지막 관람 시간은 끝났다. 걸어 나오며 혼잣말처럼 읊조렸다.
　"인간사나 나비의 세상이나 현실과 꿈, 물질과 정신, 인간과 자연, 모든 것은 경계도 없이 가교로 이어지는 소통, 통섭通涉의 길로 합일되는 물아일체物我一體가 아니런가?"

신호등

　신호등은 말이 없다. 건널목에 붙박이처럼 자리를 지키고 서 있다. 쉴 새 없이 껌벅이는 불빛 따라 파란 색상, 붉은 색상으로 바뀌어 간다. 노란색 불빛을 더한 삼색 등은 묵묵히 길 위에 자리 잡고 있다. 어디서 와서, 왜 이곳을 키 큰 수문장처럼 굳게 다문 입으로 버티고 있는지 말하려고 하지 않는다.
　그러나 해야 할 일을 안다. 시시각각 변하는 시차에 따라 이색 불빛을 쏟아 낸다. 동그란 눈을 크게 뜨고 불빛을 발산할 때마다 사람들은 색등에 따라 멈추다가 건너간다. 자동차 행렬도 움직임을 멈췄다가 곧 움직인다. 길 위에 나란히 붙어 있는 삼색 등은 건널목 이색 등과 눈 맞춤으로 붉은빛, 파란빛으로 교차하며 하루를 열어 간다. 색등으로 멈춤과 움직임, 돌아가는 방향에 맞춰 순간순간 색상을 바꾸어 가는 신호등은 외롭게 서 있는 안내자다.

어둠이 내리면 신호등은 진한 색상으로 분장을 한다. 진한 빛으로 오고 가는 사람들과 눈 맞춤을 잘하기 위해서다. 그러다 보면 무표정한 얼굴에 웃음이 묻어나는 모습이 즐겁기도 하다. 옆 가로등이 높은 곳에서 어둠을 조용히 밀어내고 소리 없이 새벽이 다가올 무렵, 제법 넓게 가지를 드리운 가로수는 나뭇잎이 흔들릴 때 홍얼홍얼 노래도 부른다. 외로울 때 새록새록 속삭이는 반가운 벗이다. 어쩌다가 불쑥 나타난 텃새가 머리에 배설물만 남기고 황급히 날아가 버리기도 한다. 그래도 신호등은 언짢은 기색 없이 아침을 기다린다. 새벽을 여는 사람은 부지런한 청소부다. 인도를 쓸어 가는 빗자루가 뚝뚝 스치는 감촉은 어느새 새벽잠을 깨운다.

그리고 아침 등굣길에 어린 학생들이 손을 들고 인사하는 표정은 흐뭇한 기쁨으로 다가온다. 하루는 어린이들의 초롱초롱한 눈인사로 다정하게 마주하는가 보다.

신호등이 지켜보는 횡단 길은 돌발 사고로 충격을 받기도 한다. 갑자기 급브레이크 소리가 날카로운 비명처럼 들릴 때 접촉 사고는 터졌다. 누구인지, 자동차에 부딪쳐 버린 사내는 아스팔트 바닥으로 나가떨어졌다. 웅성거리는 행인들이 겁먹은 표정으로 지켜보는 사이, 사이렌 경적 소리와 함께 달려온 119 구급차는 숨 가쁘게 부상자를 싣고 병원으로 이송해 간다. 핏자국만 아스팔트에 젖어 있다. 부상 상태도 알 수 없는 안타까운 사고다. 간절히 죽음에 이르지 않기만을 바랄 뿐이다. 나도 벙어리 냉가슴 앓듯 우울했다.

신호등은 건널목에 서서 시시각각 파란 색상, 붉은 색상으로 바뀌고 있으나, 사람과의 교감이 이루어지지 않을 때 항상 위험은 순식간에 죽음으로 이어지기도 한다. 위험은 곧게 뻗어 가는 길, 평행선과 사각으로 잘 가꾸어진 길에 도사리고 있다. 이런 길을 따라 건널목마다 신호등은 키 큰 장승처럼 서 있다. 웃음기 머금은 왕방울 같은 눈과 익살스러운 주먹코, 근엄한 체구로 마을 길 어귀에 곧게 서 있는 장승은 친근하고 소박한 지킴이였다. 그러나 쇠붙이로 만들어진 신호등은 무표정한 얼굴에 동그란 눈동자로 색등만을 비추는 거리의 주마등 같기도 하고, 아니면 건널목을 지키는 낯선 쇠붙이 로봇 장승일까.

어둠 속에서 번갯불을 휘갈기며 천둥이 울어 대던 여름밤이었다. 장마가 오락가락하면서 비만 내리는 줄 알았는데, 무섭게 내리치는 벼락 줄기들이 도시를 한동안 마비시켰다. 굉음 터지는 소리가 울리더니 순간 정전이 되고, 신호등이 꺼져 버린 도시는 암흑이었다. 폭우 속에 느리게 움직이는 자동차 불빛, 불빛들이 엉켜 어둠 속을 엉금엉금 기어간다. 건널목에 옹기종기 얽혀 서서 어쩔 줄 모르고 신호등을 응시하는 사람들은 불안감에 잠겨 있다. 그때, 갑자기 가로등이 밝아지고 신호등의 파란 색 등이 빛을 발할 때, 바삐 길을 건너가는 우산들의 행렬이 종종걸음으로 사라져 간다. 내리는 빗줄기는 가늘어지고, 도시는 잠들어 가고 있다. 이런 도시 속 건널목마다 반듯이 서 있는 신호등은 외로운 장승 같다.

오래전 마을을 지키던 장승은 경계를 표시하고 지나가는 길손에게 가는 방향을 알려 주거나 혹시 길을 잃지 않을까, 염려하는 친근한 안내자였다. 어둠이 세상을 지배하게 되면 어느새 근엄한 수호신이 되어 마을과 사람을 지켜 주는 지킴이였다. 이젠 마을과 도로를 따라 장승이 버티고 서 있을 자리에 신호등이 왕방울 같은 눈을 부릅뜨고 서 있다. 이런 도시에서 살아가는 나는, 무심코 건널목을 건널 때나 도로를 걸을 때마다 순간순간 생사生死의 갈림길에 서 있지 않은가? 혼자 걸어가는 길 위에 서서 항시 죽음과 동행해야 하는 나는, 죽음이라는 거울 속에 내 영혼이 어떤 모습으로 투영될까. 과연 죽으면 무엇이 되겠는가? 그럼 인연因緣 따라 무엇이 된다면 나는 서슴지 않고 영원한 안내자가 되고 싶다.

안내자로서 신호등이 될까. 장승이 될까. 아마 전설 같은 유물로 전락해 버린 장승보다 복잡한 도시 속에 보잘것없이 길거리를 지키는 신호등이 되고 싶다. 꿈꾸는 것이 아니라, 내 영혼이 현신現身하기 위해 이글거리는 용광로에 던져진 채 달구어진 쇳물 속에 용해되어 만들어진 쇠붙이들. 이를 잘 다루는 어느 장인의 손에 다듬어져 쇠붙이에 동그란 눈동자를 껌벅이는 신호등으로 다시 태어나. 햇볕 들고 바람 불고 비가 오나 눈이 내리나 하루 종일 길거리에 서서 시시각각 파란 색등, 붉은 색등을 발산하며 수많은 인파를 만나 안내하고 싶다. 비록 힘들고 고달프겠지만 그들과 마음으로 소통하며 밤낮없이 생사生死가 도사리고 있는 건널목에 서서, 웃음 머금은 신호등이 되고프다.

아파트의 계절

벼락은 불줄기를 날카롭게 휘둘렀다. 파란 불빛이 어둠 속에서 번쩍이다가 연이어 들려오는 천둥소리는 가슴속으로 무섭게 파고들었다. 갈라지는 낙뢰는 우뚝 솟아 있는 건물을 내리쳤다. 탁 터지는 굉음을 일으켰다. 두려움이 가시기도 전에 소나기는 억수 같은 빗방울을 퍼부어 댔다. 절벽 같은 아파트 건물을 타고 빗줄기는 흘러내렸다. 아침이 밝아 오자 구름층은 서서히 흩어져 갔다. 햇빛은 선선한 바람에 섞여 아파트 단지에 쏟아졌다. 아파트 베란다 사이로 은빛 물방울들이 점점이 반짝였다. 여름 햇볕은 한풀 꺾인 기세였다.

 어느덧 하늬바람이 스치듯 불어왔다. 아파트 정문에 들어서서 코스모스꽃들이 긴 폭으로 담장 따라 피어나 멋지게 웃음을 피우며 반갑게 맞이한다. 예쁜 꽃들의 다정한 인사가 그리 좋을 수가 없다. 흐뭇한 마음이 나도 모르게 행복 같은 미소를 머금게 한다. 꽃들이 탐스럽게 어우러진 숲길에는 들국화꽃들이 가을의 이야기를 전해 주려는 전령사처럼 고고한 자태가 반갑다. 그런가 하면 키 큰 해바라기는 누군가를 기다린 듯 환한 웃음으로 맞이한다. 향연이 펼쳐지고 있다. 낮은 회양목 포기 따라 아름답게 줄지어 선 푸른 나무들로 작은 공원 주위를 감싸며, 품위 높은 별장처럼 묵직하게 서 있는 아파트 단지에는 여러 가지 꽃들과 함께 어우러진 삶이 녹아 있다.

 지난 한파의 겨울이었을 때 엄청난 폭설이 하얀 병풍처럼 가려지고 도시는 온통 흰 눈으로 쌓여 가고 있었다. 푹푹 빠져 걷기도 힘들고 사람 왕래가 어렵게 될 즈음, 아파트 관리소에서 안내 방송이 들려왔다. 눈 치울 일손이 부족하니 속히 눈 치우는 제설 작업에 동참해 달라는 안내였다.

급히 나가 보니 벌써 여러 명이 눈을 치우고 있었다. 나이 든 분이나 젊은 이 모두 내 일처럼 힘을 모아 눈 치우는 중에도 함박눈은 쉼 없이 쏟아지고 있었다. 그래도 열심히 땀방울 적시며 일한 보람으로 눈길은 열리기 시작했다. 아파트 정문 큰길 따라 아파트 안으로 들어오는 길, 경내 주차장도 차량이 다닐 수 있도록 눈길은 열렸다. 눈 치우는 동안에 지나다니는 이웃들이 건네는 "고생 많으세요. 감사합니다!" 인사말이 다정히 다가온다. 뿌듯한 기분에 젖어 보람을 느껴 본다.

내가 살아가는 아파트, 비록 아파트 생활이 성곽처럼 닫힌 공간으로 뭔가 소통이 잘 이루어지지 않는다고 생각하기 쉬우나, 조금만 관심을 기울인다면 엘리베이터나 주변 쉼터에서 만나는 사람마다 간단한 인사말로 "안녕하세요!" 서로 소통의 공간이 열리는 이웃사촌이라는 말이 실감 난다. 잠시 생각해 보면 여러 사람이 위아래 이웃과 함께 살아가는 생활 공간이며 공동체로 하루하루 삶 속에 지치거나 피로한 몸을 편안하고 안락하게 쉬어 가는 터전이다.

어느 사이 계절은 변하여 오늘처럼 맑은 햇빛 아래 연분홍 라일락 꽃향기가 진하게 쓰며 오는 화단 길, 철쭉꽃 따라 웅장하게 서 있는 아파트에서 풍기는 계절은 싱그러운 꽃마을 정원이 아닐까?

여름밤의 꿈

　겨울 꽃샘추위가 마지막 기승을 부리는 때에 살얼음을 밟으며 암자를 찾았다. 산속 암자는 바위벽에 감싸안은 채 남향을 바라보고 앉아 있다. 사람 발길이 드물어서 그런지 적적했다. 이곳에서 숙식하며 취직 공부에만 몰두하려고 요사채 빈방에 자리를 마련하였다. 그러나 몇 개월이 채 지나지 않아 내 마지막 숙식비는 무일푼이 되었다. 빈털터리 신세가 되어 절밥을 공짜로 먹을 수는 없었다. 어렵사리 주지스님에게 내 사정을 이야기했다. 스님은 잠시 나를 주시하더니, 숙식비는 내지 않아도 되나,

해야 할 일은 법당이며 도량을 깨끗이 정화하고, 여러 가지 잡일도 해야 한다고 했다. 또 예불에는 반드시 참석하는 조건으로 허락했다. 마음은 한결 가벼웠으나, 주어진 일에 부담도 느꼈다. 그래도 무일푼인 내게 숙식이 해결되었으니 얼마나 다행인가.

암자에는 주지스님, 상좌스님, 공양주보살, 나까지 네 명이 기거했다. 평시에 암자를 찾는 신도는 별로 없었다. 간혹 산나물을 캐는 아낙들이 들려 불공을 드리기도 했다. 주지스님은 연로해서 건강이 여의치 않아 절을 잘 비웠다. 또 상좌스님도 절을 비우는 일이 잦았다. 그럴 때는 스님들이 비워 둔 절에서 보살과 내가 예불을 드리는 일이 종종 있었다. 그럴 때마다 공양주보살은 부처님 전에 정성스럽게 공양을 올린 후 내게 이런 말을 들려주었다.

"절에 염불 소리가 들리지 않으면 삼라만상森羅萬象도 깨우지 못하고, 부처님의 가피력이 힘을 잃어 불공 드려도 공덕은 내리지 않는대요."

이런 말을 들을 때마다 어서 염불을 배워 불심

으로 예불을 드리라는 뜻으로 받아들였다. 나는 이곳에 와서 공부보다 불교 교리나 반야심경般若心經을 터득해 가는 과정에서 차츰 염불에 빠져들었다. 그런 연유로 스님이 안 계시는 날에는 조금 어설프지만 새벽 범종을 울렸고, 그 소리는 냇바람에 실려 더 은은히 잔물결처럼 퍼져나갔다. 내 안으로 울려온 맑은소리는 울림처럼 빈 공간에 또 다른 우주가 열리고 있었다. 목탁 소리에 맞춰 도량을 청정하게 했다. 새벽 염불에도 온 마음을 바쳐 예불을 드렸다. 공양주보살은 법당을 나오며 나를 보고 주름진 얼굴로 빙그레 웃었다.

내가 거처하는 요사채에서 몇 걸음 떨어져 산신각山神閣, 옆으로 나한전羅漢殿이 자리하고 있다. 그 아래 돌계단으로 내려서면 극락보전極樂寶殿이 본전으로 정좌해 있다. 산신각 정화를 마치고 나한전에 들렀다. 나한존자들을 대할 때마다 웃음 어린 표정에서 세상사 희로애락喜怒哀樂을 몸소 담고 있는 모습에 친근감이 갔다. 평범한 촌부나 흔히 만날 수 있는 우리 주변의 인간상이기도 했고, 혹 나이기도 했다. 그 나한전 주변을 물걸레로 닦아 내다 나한 존자 엉덩이쯤에서 땡벌의 공격을 받았다. 무심코 땡벌집을 건드려 공격을 받고 허겁지겁 돌계단으로 피했다. 벌침에 안 쏘여 천만다행이었으나, 좀 괘씸한 생각이 들었다. 그래서 상좌스님과 합동으로 마른 쑥을 준비하여 쑥 연기를 피워 대며 호미로 땡벌집을 걷어 냈다. 땡벌들은 아우성이었으나, 쑥 연기를 당해 내지는 못했다. 다시 나한존자는 웃음을 되찾았다.

며칠 후 초저녁으로 접어들자, 바람은 몹시 불었다. 산등성이를 타고 거센 물살처럼 밀려오는 습한 바람에 나무들은 온통 머리를 조아리듯 숨 가쁘게 울어 댔다. 풍경 소리도 덩달아 잦은 울림으로 산속 암자의 여름밤을 지켜 주고 있었다. 문풍지를 울리던 바람이 잦아드는가 싶었는데, 갑자기 번갯불이 어둠을 가르더니 환한 빛이 스쳤다. 뒤이어 울리는 천둥소리에 가슴은 떨리는 전율로 불안

스러웠다. 방안 촛불은 어지러이 꺼질 듯 몸을 사렸다. 그래도 외롭게 촛불이 켜진 이 방에서 내 흔들리는 영혼은 빛을 발하고 있었다. 그날 밤, 잠을 뒤척이다 잠깐 잠든 사이 꿈을 꾸었다. 이상하기도 하고, 참으로 낯선 꿈이었다. 깨어 보니 촛불은 나를 지켜보듯 불을 밝히고 있었다.

 간밤 소나기가 억수로 쏟아진 후라 숲속은 햇빛이 밝게 빛났다. 아침 공양 후 상좌스님에게 어젯밤 내 꿈 이야기를 들려주었다.
 "나한전에 있어야 할 열여섯 명의 나한들이 나한전 문을 나와 줄줄이 돌계단을 따라 내려오고 있었다. 아니, 돌 조각상 같은 나한들이 질서 정연하게 걸어 내려오는데, 그중 한 명은 엉덩이를 문지르며 뒤따라 극락보전을 향해 들어갔다."
 이 모습을 보고 놀란 나는 주위를 살펴보았다. 옆에는 분명 상좌스님이 있었으나, 내가 손짓하는 나한들을 전혀 보지 못하고 먼 산만 바라보았다. 그때 법당 앞 통나무 의자에 노스님과 동자승이 앉아 있었다. 동자승이 이 모습을 보고 노스님께 물었다.

"스님, 나한들이 저렇게 걸어 다니면 어떻게 돼요?"

노스님은 웃으시더니 말했다.

"벌침 맞고 혼났구나!"

상좌스님은 내 꿈 이야기를 다 듣고는 안색이 하얗게 변했다. 뭔가 골똘히 생각하더니 버럭 화를 냈다.

"이제 겨우 절밥 몇 개월 먹더니, 어디서 도인들이 꿈꾼 이야기를 귀동냥했는가 본데? 그런 얘기는 절대 입 밖에 말하는 것이 아니요!"

그러고는 자기 방으로 건너가 버렸다. 나는 한 대 얻어맞은 기분이 들었다. 괜히 꿈 얘기를 했나 싶어 후회가 되었다.

그런데 점심 공양을 마치고 본전 앞뜰에 내려섰다. 눈앞의 광경을 보고 깜짝 놀랐다. 꿈과 같이 그 통나무 의자에 노스님과 동자스님이 앉아 있었다. 상좌스님은 합장하며 노스님께 인사를 드렸다. 나도 합장하며 인사를 올렸다. 노스님은 지그시 웃으시며 한 말씀만 하셨다.

"아랫마을을 지나가다 이 암자에 불심이 나한존자로 보여 왔네만."

그리고 노스님은 바윗물을 한 쪽박 마시고 동자승을 앞세워 곧장 산 아래로 내려갔다. 이날 이후 상좌스님은 내게 아무 말을 하지 않았다. 묵언으로 일관했다. 침묵 같은 묵언이 쌓인 암자는 나뭇잎이 하나, 둘 바람에 날리고 있었다.

그 늦가을 취직 합격 통지서를 받고서 낙엽 밟는 소리를 뒤로하고, 나는 인연의 끈을 이은 채 암자를 말없이 떠나갔다.

* 나한羅漢: 불제자 중에서 덕을 갖춘 사람을 이르는 말
* 극락보전極樂寶殿: 서방 극락정토의 주재자인 아미타불을 모시는 법당
* 아미타불阿彌陀佛: 서방 극락정토에서 불법을 설한다는 대승불교의 부처

여백에 이는 바람 소리

숲길을 천천히 걷는다. 나뭇잎은 햇살 사이로 나부끼듯 흔들린다. 서로서로 조심스럽게 바람을 맞이한다. 살포시 부는 바람은 가끔 소리를 내기도 한다. 나뭇가지들로 뒤엉킨 틈새로 보이는 하늘빛 공간에 바람 소리는 머물다 간다. 나뭇잎이 흔들릴 때마다 물결이 흘러가듯 혼자만의 시간은 머뭇거릴 수 없었다.

일상생활 속에서 하루하루 살아가는 '나'란 존재는 무심히 머물러 있어야 하는가? 머물다 보면 알 수 없는 공허의 어두운 늪 속에 빠져 버릴까? 머물 수 없어 나그네 같은 길을 떠나가고 싶다. 시간이란 지난 과거를 기억하게 되고, 현재에도 한순간 머물 수 없다. 또 미래를 향해 앞서가려고 한다.

　인생을 돌이켜 보면 삶의 끝마무리를 향해 언제 종착지에 도달할지 모르지만, 터벅터벅 종점을 향해 걸어가는 여정이다. 그 여정 속에 길을 가다 보면 싱그러운 봄바람이 불어올 때는 마음이 들뜨기도 하고, 갑자기 비바람이 폭우를 쏟아내어 두려움에 빠지기도 하고, 소슬바람이 부는 가을엔 가는 길을 멈추고 자신을 반추해 보기도 한다. 그리고 매서운 바람 속에 흰 눈이 내리는 겨울엔 자기 꿈을 더 높이 간직해 본다.

　이런 과정을 지나오면서 무수한 일들과 만나게 된다. 쉽게 다가오는 슬픔과 기쁨, 노여움과 즐거움, 다툼과 화해, 미움과 사랑이 상대방과의 관계에서 가져오는 감정이라면 생로병사生老病死, 즉 태어나고, 늙고, 병들고, 죽어 가고 이런 과정들은 자기에게 가져오는 본래적인 인생 여정이다. 이 여정에서 한 포기 잡초처럼 살아가는 나약한 존재자로서 나를 다시 바라보고 싶었다.

이런 때 좀 부족하고 덜 채워진 동양화 화폭에 숨겨진 여백을 찾게 되고, 여유로움과 시간의 흐름을 지켜볼 수 있었다. 시詩에서도 싯귀절에 담겨 있는 여백 속에는 자유로운 상상과 독백은 그 자신만의 시어詩語를 재창조하게 되기도 한다. 우리 고유의 춤사위에서도 장단가락에 맞춰 휘어지는 몸짓 사이로 좁은 공간적인 여백은 율동의 아름다움으로 재탄생한다. 내 안에 텅 빈 채로 자리하고 있는 허전한 여백 같은 동공에 때아닌 바람 소리가 속삭이듯 들려온다. 바람이 몰고 오는 소리를 가만히 듣고 있으면 그 속에는 물소리, 나뭇잎 소리, 새소리, 휘파람 소리, 마찰음 소리 온갖 소리가 뒤엉켜 잠들어 있던 침묵을 깨운다.

그러나 들리지 않는 소리가 있었다. 깊은 가슴속에 여울져 밀려오듯 들여오는 영혼의 소리가 들리지 않았다. 그 소리를 찾아야 했다. 찾아야만 한다.

고뇌에 깊이 빠질 때마다 대장간이 떠오른다. 유년 시절 학교 가는 길목 대장간에서는 늘 쇠망치 소리가 들려왔다. 뻘겋게 달구어진 쇳덩이를 연신 내리친다. 마냥 쇠망치로 내리치기만 하는 것이 아니라 소리의 높낮이, 장단에 맞춰 두드리는 쇳소리는 무심코 지나가려는 발길을 멈추게 한다.

대장장이는 풀무질로 활활 불질을 올리다가 화덕에서 뻘겋게 달궈진 쇳덩이를 꺼내 모루에 올려놓고, 두세 명이 연신 내리치다가 물속에 넣어 담금질한다. 반복적으로 담금질을 하며 쇠의 강도를 높이거나 성질을 조절한다. 다듬어진 쇳덩이를 구부리고 쉬며 쇠스랑, 곡괭이, 호미, 낫, 칼 이런 도구의 쓰임새에 맞게 만드는 작업은 결코 쉽지만은 않다.

불질의 위험 속에서 달구어진 쇳덩이를 잘 다루기 위해서는 오랫동안 고된 작업과 끈기로 숙련된 솜씨를 잘 갖추어야 한다. 대장장이들이 숙련도를 쌓아 만들어 낸 도구에는 땀방울 적신 그들의 혼이 깃들어 숨 쉬고 있지 않겠는가. 혼신의 힘을 다하여 만든 도구가 비록 아름다움답진 못해도 쓰임새에 맞게 만들어 낸 투박한 도구는 그들의 삶과 영혼이 녹아 있다는 생각이 들었다.

 오랜만에 쇳덩이를 다듬는 쇳소리의 울림이 강한 파장을 일으켜 일상 속으로 파묻혀 잠자던 내 영혼을 깨웠는지 모른다. 나이 든 세월은 매일매일 출퇴근해 온 직장 생활을 마감하게 했다. 간혹 술에 푹 절여진 채 단조로운 일상의 굴레에서 벗어나고자 발버둥도 쳐 보았다. 늘 갖고 싶었던 시간적 여유와 얽매이지 않은 나만의 자유를 가져 보고 싶었다. 시간은 점점 흘러갔다. 계절도 쉼 없이 바뀌어 갔으나, 뭔가 허허로운 공간 같은 여백은 아직도 동공으로 남아 나를 아프게 한다.

 늦가을로 접어든 숲길은 스산했다. 바람결에 낙엽은 길섶 위로 흩날렸다. 숲길을 걷자니 하늘로 쭉 뻗은 앙상한 나뭇가지들이 흔들렸다. 나뭇가지 사이로 이는 바람 소리, 내 아픈 동공 속을 한순간 스치며 속삭이듯 들려줬다. '대자연과 소통하는 자유'라고. 한참 묵묵히 허공을 쳐다보았다. 파란 하늘이 더 높고 넓게 보였다. 그렇다. 대자연과 함께 우주에로 소통할 수 있는 자기 내면에 자리한 자유. 또 다른 형식이나 장르에 구애됨 없이 자기 존재를 글로 창조해 나가는 맑은 영혼의 소리.

여행 가방

 오늘따라 소슬바람이 불어왔다. 가을 햇살에 낡은 여행 가방을 정리할 겸 버리려고 베란다 모퉁이에 내놓았다. 해거름 검은색 가방은 짙은 고목 둥지처럼 보였다. 뭔가 허전함이 감돌아 유심히 지켜보니, 가방은 검은빛 은회색으로 빛나고 있었다. 아쉬움이 남아있는 빛바랜 모습이었다. 그와 함께 했던 시간. 주로 여행, 또 해외여행을 동행자로 머나먼 낯선 나라를 방문할 적마다 힘들고 바쁠 때도, 투정도 없이 여유롭게 호텔 숙소를 지켜 주었다. 그런 가방에서 파란 잔물결이 넘실대면서 낯익은 함성 소리가 파장을 일으키며 나지막하게 들려왔다.

스위스 제네바 레만호수 둘레길을 우리 연수단 일행은 거닐고 있었다. 초가을 햇살을 받은 호수 물결은 맑은 옥빛으로 잔잔히 흔들렸다. 그리 넓지 않은 호수길 벤치에서 휴식을 취하고 있는 스위스 가족과 우연히 만났다. 눈 덮인 알프스산맥에서 흘러내린 호수 물결은 푸르기보다도 짙은 코발트 색감이었다. 우리 일행은 이 호수를 배경으로 단체 기념사진을 찍으려고 눈웃음으로 지켜보는 스위스 가족분에게 카메라를 부탁했다. 사진 촬영하고 우리를 향해 "코리아!" 한마디를 인사하듯 말했다.

일행 중 누군가 더 큰 목소리로 "월드컵 코리아!" 우우 합창하듯 다 함께 "월드컵 코리아!" 또 손뼉을 마주치며 "대~ 한민국! 대~ 한민국!" 작은 함성 같은 울림은 메아리가 되어 레만호수 건너편 산기슭 마을로 흘러갔다. 한순간 교감하듯 스위스 가족과 우리 일행이 갑자기 놀람과 함께 박수로 함박웃음을 지었다. 그 순간, 스치는 듯 번쩍이는 영상은 가족들과 함께 TV 앞에서 초롱초롱한 눈빛으로 응원하는 열기 속에서 "대~ 한민국!" 큰 소리와 박수로 외쳤던 기억이 새롭게 떠올랐다. 맑고 파랗게 출렁이는 호수 잔물결 위로 언뜻 아내와 자녀들이 해맑게 웃음 짓고 있었다. 호수 둘레길로 산책하던 분들도 우리 일행을 환영하는 듯 손 인사를 보냈다.

몇 개월 전, '월드컵 축구 대회'를 TV로 열심히 시청했는데, 스위스는 출전하지 못해 아쉬움이 있었으나 코리아 월드컵에서 '붉은 악마들' 응원과 열기, 함성과 질서에 감동했는데, 이곳에서 '코리아'를 만나다니. 축구 팬으로 놀라움을 감추지 못했다. 스위스 가족들과 헤어지면서 더 다정한 웃음과 손짓으로 인사를 나눴다.

호텔 방에서 휴식을 취하고 있을 때, 창밖으로 달빛에 젖어 있는 레만호수가 한눈에 들어왔다. 몇 시간 전에 만났던 스위스 가족들 모습이 언뜻 스치며, 유럽에서 축구에 대한 열정과 사랑이 대단하다는 것을 새삼 느꼈다. 일상생활 속에서 즐기는 열기와 함성이 함께하는 합창곡 같다고 할까? 이런 생각에 잠길 때 호텔 방에서 외롭게 기다리다가 나를 반기는 여행 가방을 가볍게 어루만졌다.

벌써 우리 일행은 베를린 브란덴부르크 문을 둘러보고 있었다. 넓은 광장에는 많은 관광객이 단체 사진을 찍으며 분주히 움직였다. 웅장한 브란덴부르크 문이 보수 공사로 새롭게 제 모습을 갖추게 된 지도 불과 몇 개월 전이었다고 한다. 독일도 제2차 세계대전 후 패망과 함께 분단의 비극을 갖게 되었다. 동독과 서독, 동베를린과 서베를린 이런 아픈 역사가 십여 년 전에 통일이 되면서 '브란덴부르크 문'이 통일의 상징으로 굽어보고 있었다. 우리 역사도 분단의 비극을 극복해 나가는 통일된 나라가 언제 올까? 독일 통일을 반추하면서 생각에 잠겼다.

기념사진을 찍으며 베를린 장벽, 시가지를 구경하고 있을 때, 초등학생 정도로 보이는 어린 독일 학생들이 가까이 오면서 우리 대화를 유심히 듣더니 갑자기 "코리아! 코리아!" 타닥, 타닥 손뼉 치면서 우리를 뒤따라 환호하지 않는가? 우리도 기쁨에 넘쳐 "코리아! 대~ 한민국, 대~ 한민국!" 합창하듯 큰 소리로 환호하면서 기쁨의 인사를 나눴다. 스포츠 특히 월드컵 축구를 통한 열린 교감, 승리에 대한 기쁨, 패배에 대한 아쉬움이 남은 스포츠. 축구장을 양 팀 선수들이 서로 경계 없이 누비는 축구는 국경 없이 세계인 마음의 문을 열어젖히고 즐기는 스포츠가 아니겠는가? 뇌리에는 '붉은 악마들' 함성이 먼 나라 독일에서도 들려오고 있었다.

일정이 끝나 갈 무렵, 하이델베르크 성에 도착하여 주차장을 지나가는데, 잠깐 눈에 들어오는 차량이 있었다. 현대자동차 상표를 붙인 승용차 두 대가 보였다. 가슴이 놀랍게 찡했다. 우리나라 경제 성장이, 기술 수준이 자동차 수출로 이어지는 감동? 우리 일행만이 느낄 수 있는 자존감이 어깨를 들썩하게 했다.

하이델베르크 성에 올라 눈여겨보는 유럽의 성채는 요새화된 성곽이었다. 역사적 유적들을 새겨보며 잔잔히 흐르는 네카어강을 굽어보았다. 또 그리 크지 않은 고목 같은 보리수에 눈길이 가면서 언뜻 슈베르트 가곡 〈보리수(Lindenbaum)〉가 떠올랐다. 성채를 내려와서 네카어강 강변 길을 따라 '철학자의 길' 사색의 길로 들어섰다. 사색의 길을 걸으면서 독일 인문학 서적을 탐독하며, 괴테 『파우스트』, 헤르만 헤세 『데미안』 또 칸트, 헤겔, 쇼펜하우어, 니체 『차라투스트라는 이렇게 말했다』를 다시 새기게 되었다. 젊은 시절 어려운 가정 형편에도 독일 철학을 공부하고 싶어서 독일 탄광 광부로 지원하려고 했으나, 그 당시 광부 응시 조건도 까다로워 포기했던 기억이 새삼 아프게 했다.

다시 뒤돌아보니 쓸쓸히 퇴장하는 여행 가방을 지켜보면서 그와 함께했던 여정이 아쉬웠다. 또 유럽 여행에서 간직했던 잊을 수 없는 '월드컵 코리아' 함성은 온 마을로 퍼져 산줄기는 더 푸르른 숲을 이뤘고, 열정은 드넓은 꽃밭으로 피어나 사람과 사람들 교감은 풍성한 가을 열매를 맺게 하여 세계로 이어졌다.

오늘 낡아서 퇴장하듯 떠나보내는 여행 가방이 침묵처럼 발길을 돌렸다. 인간도 병들고 늙어 가는 모습이 인생이라는 무대에서 퇴장해 가는 '나'도 언젠가 본래대로 그 본향으로 가야겠지? 두고 온 여행 가방은 가만히 웃고 있다.

운수 좋은 날

 여름 햇볕이 후덥지근하게 내리쬐는 토요일 오후, 친구 여식 예식장에 갔다. 하객들은 많이 붐비지 않았다. 축의금을 접수하고 식장 안으로 들어가려는데, 누군가가 부르는 목소리가 들려왔다.
 "똥채 아니여!"
 뒤를 돌아보니 반갑게 웃는 얼굴. 녀석이었다. 내 이름 '김영채'보다 '김똥채'를 더 잘 기억하는 몇 안 되는 깨복쟁이 벗이기도 하다. 오랜만에 들어보는 내 별명 '똥채'가 어쩐지 반가우면서도 가슴 아픈 기억 속에 머문다.

손꼽아 기다리고 기다리던 여름 방학이었다. 동네 아이들이 모여 무더운 여름을 이겨 내며 가장 먹고 싶은 개구리참외 이야기를 나눴다. 그러나 돈으로 살 수는 없고, 손쉽게 얻은 방법은 남의 밭에서 슬그머니 서리를 하면 된다. 어린 시절 서리는 남의 것을 훔쳐 먹는 것이기는 해도, 장난삼아 다반사로 일어나는 일이었다.

그날은 아이들이 모인 자리에서 한 아이가 노랗게 익은 참외 맛을 달콤하게 떠들어 댔다. 그런 유혹인지는 몰라도 나는 아이들과 함께 난생처음 참외 서리에 따라나섰다. 한낮 여름 햇볕은 뿍뿍 찌는 날씨로 땀방울을 적셨다. 두근거리는 가슴은 새 가슴 마냥 조마조마하였다. 언덕배기 모퉁이 길로 접어들었다. 키 작은 나무 숲길 따라 어느새 참외밭으로 가고 있었다. 우리 다섯 명이 죽은 듯이 조심스럽게 줄지어 가고 있었는데, 웬 쪼그마한 꼬맹이가 우리 일행을 힐끔 훔쳐보더니 쏜살같이 숲속으로 사라져 버렸다. 뭔가 예감이 좋지 않았다.

숨죽여 참외밭으로 조심조심 접근하여 참외를 막 따려는 참이었다. 그 순간 원두막 근처에서 날벼락 같은 소리가 갑자기 들리지 않는가. 참외밭을 지키던 주인에게 들키게 되었다.

"이 작것들, 어떤 놈들이여!"

고함소리가 들리는가 싶더니 긴 작대기로 땅을 후려치며 쫓아오는 소리에 어린 서리꾼들은 놀라 혼비백산하여 다들 줄행랑을 치며 도망가기에 여념이 없었다.

방향 감각도 모르고 급히 잔솔 숲으로 냅다 뛰다가 그만 웅덩이에 빠졌다. 뭔가 끈적끈적한 죽 같은 것이 가슴팍까지 차올랐다. '아니, 이것이 뭣이여.'

부초처럼 떠다니는 부유물이 똥이란 말인가? 내 온몸이 똥물에 빠졌다. 검고 진한 누런 똥구덩이에 갇혀 허우적거렸다. 허우적거릴 때마다 미끈미끈한 구덩이 속에 빠져들고 있었다. 부유물은 얼굴에도 튀고, 머리에도 튀고 범벅이 되었다. 미끄러지며 걸음을 옮기는데도 힘겨웠다. 질퍽한 물에서 구린내가 진하게 풍겨왔다. 하늘이 노랗게 보이다가 진녹

색으로 보였다. 겨우 풀 섶을 움켜쥐고 나오려는데, 긴 작대기가 내 앞에 뚝 내밀어 왔다. 깜짝 놀랐다.

"허! 이놈 봐. 후딱 잡어라!"

물에 빠진 생쥐마냥 빠져나온 나, 아니, 똥물에서 빠져나온 나를 보더니 허연 수염의 노인은 어이가 없었는지 밀짚모자를 벗어 부채질하다가 나를 보고 "허허, 참!" 쓴웃음을 지었다.

"어린 작것들이! 남의 참외 서리는 무슨 서리여, 도작질이지!"

노인은 한참 혀를 차더니 입을 열었다.

"그라고 보니께로 너는 부자로 살 것이다. 똥 벼락을 맞아도 부자로 사는디, 똥구덩이에 빠졌으니 을마나 부자로 살 것이냐. 너는 오늘 똥 맛을 보았으니께로 운수 좋은 날이여. 아무나 보는 것이 아니단 말여!"

그리고 밭에서 개구리참외 두 개를 따서 내게 주고는 후딱 냇가로 가서 먹 감고 집으로 가라고 타일렀다.

냇가는 잔모래가 유난히 햇빛에 반짝였다. 모래톱 가장자리로 깊게 파인 물결 속으로 온몸을 던졌다. 끈적끈적한 부유물들은 맑은 물결에 씻겨 나갔다. 몸을 뒤척이기도 하고, 물속을 뒹굴면서 몸을 박박 씻었다. 맑게 흐르는 물속에 얼굴을 담그는 사이, 흩어지는 모래톱 위로 송사리들이 모여들었다. 내 몸과 옷에서 흘러내린 점액 부유물로 먹이를 섭취하고 있었다.

또 벌거벗은 몸뚱이에 수백 마리 송사리들이 달려들어 살갗을 쪼아 댔다. 아니, 수많은 작은 물고기들이 사방으로 몰려들어 몸에서 부유물로 떨어지는 작은 가루를 쪼아 대며 먹고 있다. 먹이를 찾아 살아가는 작은 생명들이 신기했다. 씻겨 가는 배설물이었지만, 그들에게는 맛있는 먹이였다. 운수 없이 웅덩이에 빠져 묻혀 온 사람의 배설물을 그 수많은 작은 물고기가 먹는다니, 생명은 끈질기고, 신비스럽기까지 하였다. 송사리들이 떼로 몰려다니며 내 살갗 구석구석을 찾아 쪼듯 입질하는 모습에서 처음으로 뭔가를 주는 기쁨을 느꼈다. 나도 한참 허기진 배를 달래듯 개구리참외 두 개를 단숨에 먹어 치웠다. 맛이 너무 좋았다.

해거름 동네에 들어서자, 아이들이 나를 보고 수군수군 웃는 소리가 들려왔다. 똥구덩이 사건은 입소문을 타고 구린내 냄새처럼 쉽게 번져나갔다. 어머니는 나를 보자마자 우물가로 끌고 가서는 온몸을 껌정 비누로 사정없이 문질러 댔다. 살갗이 아팠지만 아무 말도 못 하고 꾹꾹 참았다. 말없이 몸을 씻겨 주던 어머니는 혼잣말처럼 꾸짖었다.
"아이고메! 니가 서리는 무슨 서리여, 이것아!" 하시며 꿀밤을 한 대 먹이더니 새 옷을 내어 주었다.
그리고 '똥채'라는 별명은 재미있는 얘깃거리로 살이 붙어 비아냥 같은 웃음과 함께 마을로 학교로 번져 갔다.
조금 전 내 별명을 반갑게 불렀던 녀석이 보이지 않는다. 어디로 갔나, 이 깨복쟁이 서리꾼!

이발소

 봄바람 타고 때아닌 서리꽃이 머릿결로 희끗희끗 피어난다. 머리카락도 푸석푸석 자라나고 있다. 이런 때 길거리 먼발치에서 한눈에 들어오는 삼색등을 향해 발걸음을 옮긴다. 곡선으로 빙글빙글 돌아가는 색상에서 머릿결 작업하는 안내 신호다. 낯익은 이발소로 들어선다.

 매달 한 번씩 들르는 장소지만 오늘따라 큰 거울이 반갑게 맞이한다. 거울 속에 비친 모습은 어쩐지 낯설게 보였다. 수척하게 길어진 머리카락이 거울 속에 반사된다. 시간의 길이만큼 더디게 자라고 있었나? 그래도 머리카락은 이발사의 손놀림으로 깔끔한 모습으로 돋보이게 된다. 머리를 손질하고 자르는 작업이 다소 짧은 시간이지만, 이발사 손놀림으로 머리를 자르거나 면도도 하고 나면, 낯선 얼굴이 제 모습을 찾으며 뭔가 반듯하고 밝은 생동감이 나도 모르게 기쁨처럼 느껴진다.

쉼 없이 빙글빙글 도는 이발소의 삼색등은 뭘 의미하는 걸까? 이발 영업이 진행하고 있다는 단순한 알림일까? 어딘지 연륜이 쌓인 이발사는 말없이 거울에 비친 모습을 보며 머리칼을 정갈하게 다듬고 마무리한다.

이렇듯 그 줄무늬 삼색등이 말해 주는 의미는, 빨강 동맥, 파랑 정맥, 흰색 붕대를 상징하는 색상이라고 할 수 있다. 먼 옛날, 그리스, 로마 시대에도 이발사는 외과 의사였다. 날카로운 면도칼로 환자 상태에 따라 간단한 외과 수술을 겸했다.

15세기경에도 유럽에서 이발사는 외과 의사로

또 이발사로 겸업하면서 추앙받던 전문인이었다. 그 시절 이발소도 병원이나 다름이 없었다. 외과적 수술을 하기 위해서 먼저 모발을 밀어내고, 면도칼로 환부를 능숙한 손기술로 수술하여 치료하였다. 위급 환자들은 삼색등을 보고 찾아오도록 알려 주는 안내 간판이었다. 18세기 들어와서 외과 의사와 이발사가 각각 전문 분야로 직업이 분리되어 오늘날로 이어졌다.

이러한 역사적 의미를 은연중에 친근한 이발사와 대화하면서 새삼 알게 되었다. 면도칼을 신중하게 다루거나 가위질 손놀림에서 이발뿐만 아니라 생명의 소중함을 손길로 다루고 있는 직업이었다. 잠시나마 이발사에 대한 감정이 존경스러운 느낌으로 다가왔다.

거울 앞에서 마지막 머리를 빗고 나오다가 불현듯 투시되는 내 모습이 보였다. 언뜻 나도 모르게 지난 과거 속으로 스치듯 화면이 떠오르고 있었다. 지난 젊은 시절, 취업 공부를 하기 위해 산속 산사에 머물고 있을 때였다.

　진홍빛 진달래꽃이 산허리를 돌아 밝게 피어난 봄날이었다. 살랑이는 바람결이 넘실대듯 불어올 때마다 진달래는 수줍게 웃으며 꽃잎은 흔들렸다. 그때 산사 도량으로 조용히 들어서는 젊은 스님이 보였다. 승복 위로 갓 삭발한 머리는 햇살을 받아 유난히 맑게 반사된 모습이었다. 그 도량 길목에서 상자 스님을 만나 합장하며 법당으로 들어갔다. 단정히 삭발한 두 스님의 두상이 정갈한 물빛처럼 밝아 보였다.

　잠시 생각해 보니 불가에서는 일정한 수행 과정을 이어 가다 세속에서 짊어진 번뇌나 업을 단절하는 계율에 따라 '삭발식'을 행한다. 그래서 사미계를 받는 승려로 거듭난다. 과거의 나를 말끔히 정리하고, 깨달음의 수행으로 다시 태어나는 의미일까? 머리를 삭발한다는 것은 나름대로 생각해 보면 과거로부터 옮지 못한 사념, 옳지 못한 행동, 번뇌, 망상 이러한 요인들과 단절하는 것이 아니라, 끝없는 깨달음이라는 수행을 통하여 더 높은 법도의 세계로 가는 과정에서 침묵처럼 이어지고 있지 않을까?

한편 중세 시대에 로마가톨릭교회 수도승도 특별한 예절 '톤수라'에 따라 머리 부분을 삭발하고, 지극히 원죄를 참회하며 수도 생활로 정갈한 영혼은 신 앞에 가까이 가지 않았을까?

이발소를 나오는데, 삼색등이 빙글빙글 돌며 눈맞춤 인사를 한다. 그리고 속삭이듯 뭔가를 들려준다. '먼 옛날에는 상처받고 아픈 환자도 돌봐 주고 또 길게 자란 머리칼도 단정하게 깎아 주었어요.' 조용한 울림처럼 들렸다.

나도 머리를 깎고 잠시나마 내 자신을 새롭게 볼 수 있었다. 일상생활에서 머리를 자르고 정갈하게 손질하는 행위는 항상 새로운 시작을 알리는 과정이었다. 어린이가 축하 생일을 맞이한다거나 상급학교에 입학했을 때, 성인이 되어 인생살이에서 취업이나 중요한 일이 있을 때, 먼저 이발소를 찾아가

머리부터 손질한다.

　어떻게 보면 봄, 여름에는 강변 산야에 들풀이나 나무들이 푸르름으로 무성하게 자라난다. 그러다가 찬 바람 불어오는 가을에는 낙엽이 지고 들풀이 메말라 삭발하듯 겨울을 맞이한다. 매년 계절이 바뀌어 가고 변화하는 자연의 순환 속에서 말없이 이발소 '삼색등'은 곡선으로 움직이고 있었다.

장고 소리

　소리가 들려왔다. 낯익은 소리를 따라 계곡으로 빠져들어 간다. 소리는 계곡을 벗어나더니 넓은 들판으로 이어졌다. 꿈속에서 깬 나는 소리, 장고 소리를 쫓아가고 있었다. 유년 시절, 내가 살던 읍 소재지는 이삼 년마다 초가을쯤 되면 장날에 맞춰 장터에서는 사오일 동안 난장을 튼다. 난장을 트는 날이면 읍내가 온통 술렁거리기 시작한다. 꽃술 달린 고깔을 쓰고 삼색 무늬 띠를 두른 농악대는 꽹과리를 치는 상쇠를 선두로 태평소, 징, 장고, 소고 '농자천하지대본農者天下之大本' 깃발을 앞세워 읍내를 한 바퀴 돌라 치면, 아이들, 어른 할 것 없이 온통 흥분으로 발칵 뒤집히는 북새통을 이뤘다. 그날 장터 한가운데에 마련된 난장 터, 동그란 모래판에서 농악놀이가 시작됐다. 어른, 아이, 노인 할 것 없이 꽉 들어찼다. 아이들은 앞자리에 둘러앉아 싱글벙글 좋아서 어쩔 줄 몰랐다. 내가 가장 좋아하는 놀이는 열두발 상모 돌리기. 그 재주를 가장 보고 싶어 했다.

그런데 장고를 치는 소녀가 너무 예쁘게 보였다. 고깔을 쓰고 살며시 웃음 짓는 모습으로, 혼자 장고를 치면서 사뿐사뿐 발놀림으로 나오다가 가락에 맞춰 뒤로 손놀림과 함께 어깨선이 흥겹게 움직였다. 장고 채로 장고 양편을 빠른 손놀림으로 가락에 맞춰 치다가는, 좌우로, 뒤로 휘돌아 숨 가쁘게 움직이는가 싶더니, 둥근 모래판을 장고와 함께 빙글빙글 도는 소녀의 율동에 넋을 놓았다. 그 가냘픈 몸으로 장단에 맞춰 장고를 치는 멋진 가락과 날렵히 춤추는 소녀는, 마치 선녀와 같은 예쁜 꽃이었다.

아침 학교 가는 길이었다. 농악대가 올 때마다 묵곤 하는 동네 여관에서 장고잡이 소녀를 슬쩍 엿보고 싶었다. '뭘 하나?' 하는 호기심과 함께 예쁜 얼굴도 다시 보고 싶었다. 큰 방문 틈 사이로 방 안을 엿보려고 할 때, 누군가의 목소리가 들려왔다. 깜짝 놀라 얼른 뒤를 돌아보았다. 아니, 어제 보았던! 그 예쁜 소녀였다. 둥그런 눈동자는 해맑게 빛났다. 그리고 생긋 웃는 얼굴로 달래듯 말했다.

"어린 학생이 이런 데 오면 안 돼. 시방, 학교 가야제!"

나도 모르게 급히 도망치듯 나오는데, 안에서 "소희야!" 하고 부르는 어른 목소리가 들려왔다. '아! 그 소녀 이름이 '소희'구나.' 초등학교 오 학년인 나보다 삼사 세 많아 보였다. 나는 누나 같은 '소희' 이름을 몇 번이고 마음속으로 부르면서 가슴속에 꽃 한 송이를 간직한 채 학교로 바삐 갔다. 오 일이 지나자, 난장은 막을 내렸다. 농악대 소리는 들리지 않았다. 농악대가 어우러져 흥겹게 울리는 소리는 소희 누나와 함께 멀리 떠나갔다. 나도 모르게 눈물이 고였다.

읍내에서 철길로 팔십 여리나 먼 고등학교로 매일 증기 열차를 타고 통학하던 때였다. 아침마다 이른 시간이면 산허리를 돌아 동진강 철교를 건너온 증기 열차는 잿빛 연기를 길게 내뿜으며 묵직한 굉음과 함께 기적 소리를 드높게 울렸다. 나는 플랫폼으로 도착한 통학 열차에 급히 몸을 싣고 한 시간 남짓 걸리는 기차역에 도착하여 등교하곤 하였다.

은행잎이 노랗게 물들어 가는 가을, 소슬바람은 옷깃을 여미듯 불어왔다. 하굣길에는 늘 역 개찰구를 거쳐 플랫폼으로 나갔다. 오늘따라 개찰구 앞에 많은 사람들이 웅성거렸다. 대합실도 사람들이 혼잡스럽게 붐볐다. 잠시 기다릴 양으로 긴 나무 의자에 앉았다. 그때 내 앞에 비친 여자는 스물 정도 돼 보였고, 흰 저고리에 검은 치맛자락은 허름했다.

손수건을 둘둘 감은 손으로 힘없이 벽을 두드리더니 히죽 웃었다. 약간 실성한 여자 같았다. 그런데 그녀가 스러지듯 주저앉아 있다가 갑자기 일어나 내 얼굴을 빤히 쳐다보기에 나도 무심결에 쳐다보았다. 둥그런 눈동자에서 비치는 해맑은 눈빛은 내 시선을 멈추게 했다. 언뜻 오래전에 만난 것 같은 생각이 떠올랐다. 그러자 개찰 안내 방송이 들려와 통학 열차에 몸을 실었다. 그녀에 대한 생각이 뇌리에서 쉽게 떠나지 않았다. 그럼! 그 어릴 적 만난 농악대 장고잡이 소희 누나와 닮았단 말인가? 아니다! 잘못 보았을 것이다. 그 누나는 이젠 고수가 되어 전국을 순회하며 멋지게 장고를 치는 장고잡이가 되었을 것이다. 나름대로 믿음을 갖고 이런 생각에 도달하니 마음이 홀가분하였다. 한편 내 가슴속에 잠자던 한 송이 꽃, 희미하게 떠오르는 소희 누나가 보고 싶어졌다.

여느 때처럼 하굣길은 역전으로 향하고 있었다. 왠지 실성한 여자가 궁금했다. 가을 햇살 드리운 역전에는 통학생, 어른, 노인, 봇짐 장사꾼까지 빙 둘러 웅성거렸다. 언뜻 구성진 장고 소리가 들려왔다. 뭔가 미심쩍으면서도 심장이 철렁 내려앉은 예감을 느꼈다. 그 장소에 다가섰을 때 어떤 환희 같은 벼락이 내리치는 전율은 온몸으로 스쳐 지나갔다. 장고를 치고 있는 사람은 분명 그 실성한 여자였다. 놀랍기도 하고 한편, '장고를 어디서 구했을까? 과연 장고를 잘 칠까?' 하는 의문이 들었다. 의문은 쉽게 풀리기 시작했다. 시골 동네 어른들이 마을 농악놀이 때 쓰려고 사 온 장고였다. 열차를 기다리며 쉬는 사이, 아마 그 장고를 치게 된 것 같았다.

장고 소리는 가락에 맞춰 절제와 힘이 느껴졌다. 비록 허름한 검은 치마였지만, 날렵히 발놀림할 때마다 치마폭은 고이 날렸다. 그녀는 능숙한 솜씨로 장고를 다뤘다. 가늘고, 느린 가락으로 장고를 치면서 가벼운 발놀림을 하는가 하면, 움직이는 몸짓은 흔들리는 버들잎같이 곡선을 그렸다. 휘모리장단으로 장고를 신명 나게 치는 소리는 구경꾼들 혼을 사로잡았다. 사로잡힌 혼은 절로 홍이 솟아올라 장고 소리 가락에 맞춰 어깨를 들썩이며 휘어지는 춤을 연신 춘다. 장고를 치는 그녀는 다시 태어난 소희 누나, 내 가슴속에 오래도록 간직한 한 송이 꽃, 이제는 찬 서리 속에서 피어난 들국화였다. 구경꾼들은 좋아서 박수를 치기도 하고, 큰 소리로 외치며 홍겨운 분위기가 고조되었다. 그녀는 내 시선과 마주치자, 갑자기 모자를 달라고 했다. 나는 당황하여 줄 수 없다고 손짓을 했으나, 막무가내로 모자를 낚아채듯 빼앗아 웃더니, 고깔 쓰듯 깊게 눌러썼다. 다시 느린 가락으로 장고를 치기 시작했다. 장고 소리는 낮은 울림에서 큰 울림으로 역전광장에 퍼져 나갔다. 그때, 열차 출발 안내 방송이 들려왔다. 구경하던 사람들은 점차 썰물처럼 빠져나갔다. 나도 하는 수 없이 모자와 장고 소리를 뒤로 남겨 둔 채 급히 하굣길 통학 열차에 몸을 실었다.

증기 열차는 기적소리를 두세 번 울리다가 무겁

게 움직였다. 잿빛 연기를 연거푸 뿜어내며 가을 벼 이삭이 누렇게 익은 들녘을 달려가고 있다. 멀리 지평선으로 이어진 김제 만경평야, 드넓은 평야는 노을빛 아래 일렁이는 누런 벼 이삭으로 끝없이 펼쳐져 있다. 광활하고 비옥한 대지가 황금빛 바다 물결처럼 출렁거렸다. 잠시 차창 밖을 바라보며 나는 깊은 회상에 빠져들었다. 저 넓은 평야에서 풍년을 알리는 농악대 소리가 은은히 들려오고 있었다. 소희 누나는 지금도 장고를 두드리고 있을까? 땀방울 적시며 황홀경에 도취하여 장고를 두드리는 그녀는, 정녕 실성한 여자가 아니었다. 장고 소리는 그녀의 혼을 다시 불러오게 했고, 장고 가락은 그녀의 영혼을 정화하여 새롭게 태어나게 하는 진통의 소리였다. 더욱 폭포수처럼 몰아치는 휘모리장단 소리는 잠든 영혼을 일깨우는 울림이었다.

그때 붉은 노을빛 구름 사이로 조개 무늬 조각구름들이 분홍빛으로 흘러넘쳤다. 바로 오색 고깔을 쓰고 적·황·청띠를 두른 가냘픈 소녀가 장고를 두드리는 모습이 어른거렸다. 그러다가 성숙한 처녀로 검은 치마에 흰 저고리를 입은 그녀는 한 맺힌 영혼을 달래 주는 무희 같은 춤사위로 날렵하게 장고를 두드렸다. 느리다가 쉬는 듯 빠른 율동적인 몸짓은 서편 하늘가로 선명히 떠올랐다. 그리고 그녀가 두드리는 장고 소리는 점점 가늘게 노을빛 속으로 멀어져 갔다.

증기 열차

　증기 열차는 메아리를 몰고 왔다. 기적 소리가 울릴 때마다 짧고 강하게 울려 퍼지는 소리는 둔탁하게 메아리쳤다. 이른 아침을 깨웠다. 플랫폼에는 통학 열차를 기다리는 학생들로 붐볐다. 검정 모자를 눌러 쓴 남학생들보다 검은색 스커트에 흰 블라우스를 입은 여학생들이 스며들어 오는 햇살에 해맑게 돋보였다. 몸을 싣자, 열차는 하얀 증기를 굉음과 함께 힘들게 쏟아내다 곧 출발했다.
　바람은 산들산들 불어왔다. 아침 이슬 머금은 보리밭은 차창 밖으로 초록 물결처럼 넘실거렸다.

넓은 보리밭은 햇빛에 반사되어 은빛으로 반짝였다. 산모퉁이를 돌아 열차는 부용역을 향하여 보리밭 사이로 초록 물결을 가르듯 달려가고 있었다. 그때 갑자기 열차는 몇 번 심하게 덜컹덜컹거리다 급브레이크를 잡고서야 멈췄다. 놀란 학생들은 황급히 뛰어내려 기관차 쪽으로 달려갔다.

 우람한 기관차 바퀴를 지나치니 철로 바로 옆에 피투성이로 쓰러진 노인이 사지가 절단된 채 심호흡을 하고 있었다. 숨 쉬는 것이 아니라 헛바람 빠진 듯 헐떡이며 눈동자는 초점을 잃어버렸다. 철로를 건너가려다 변을 당하였다. 나는 큰 충격을 받아 온몸이 떨렸다. '저렇게 의식을 잃고 죽어 가는 사람도 호흡을 이어 가다니? 과연 생명력이란 잡초같이 끈질기게 살아가는 힘이란 말인가?' 의문은 뇌리를 스쳤다. 그리고 그 노인 곁을 지키고 앉아 있던 누렁이 개는 끙끙거리는 소리로 앞발을 허우적거리다 우리를 보고 꼬리를 흔들었다.

여전히 계절이 바뀌어도 학생들은 증기 열차에 몸을 실었다. 무더운 여름이었다. 폭염이 내리는 더위 속에서 특히, 남학생들은 달리는 열차의 출입문에 곡예 하듯 매달려 맞바람이 온몸으로 부딪쳐 올 때 시원함과 스릴을 동시에 느꼈다. 증기 열차가 쑥고개 언덕을 올라갈 때면 푹푹 힘들게 증기를 뿜어내다 갑자기 속도가 절반으로 줄어들게 된다. 이런 구간을 천천히 달릴 때는 앞칸에서 뛰어내려 맨 뒤 칸에 올라타는 위험스러운 장난에 빠져들게 된다. 위험과 스릴에 쉽게 빠져든 녀석들은 간이 더 커져 대담하게 일을 저지른다.

쑥고개 주변에는 참외밭, 수박밭이 넓게 자리 잡고 있었다. 간 큰 녀석은 모험심이 발동되어 느리게 달리는 열차 앞칸에서 뛰어내려 참외밭으로 곧장 내달렸다. 참외를 따다가 원두막에서 이를 지켜보던 주인에게 들켜 쫓기는 신세가 되었다. 녀석은 몽둥이를 휘어잡고 뒤쫓는 어른한테 놀라서 꽁무니를 빼고 열차로 향하여 도망치고 있다. 차창 너머로 지켜보는 학생들은 '잡힐까?' 하는 스릴과 안타

까움이 생동감 넘치는 듯 손뼉을 치기도 하고 아우성을 친다. 마침내 "탔다!" 큰 소리로 전갈이 오면 환호성이 터졌다.

   그 무렵, 여름 방학이 가까이 다가오면 통학 열차에도 은밀히 흰 비둘기가 찾아든다. 비둘기는 러브 레터가 되어 여학생 책가방에 숨어든다. 통학생들에게 여름 방학은 길었다. 여름 방학 동안 볼 수 없고 스치듯 만날 수 없는 불안감이 가슴속에 숨겨 놓았던 여학생에게 고백록 같은 사연을 품고서 전해 줄 기회만 엿보기도 하였다. 한번은 누군가가 하굣길에서 며칠간 기다리다 기회를 포착하고 승차하는 여학생에게 거룩한 러브 레터를 전해 주려다 떨어트린 의외의 사건이 발생했다. 그것을 장난꾸러기 같은 학생이 주워 열차 안에서 비밀 같은 고백을 낭독하고, 애절하게 읽고 소곤거리는 소리는 웃음 속으로 번졌다. 그 아련한 정이 담긴 사연은 어처구니없게 다른 학생들 손에서 손으로 날아다녔다.

지루한 여름 방학이 끝나자 통학 열차는 수많은 학생들로 다시 생기를 되찾았다. 하루하루 지나다 보니 벌써 가을로 접어들었다. 가로수 잎은 떨어져 흩날렸다. 열차는 석양빛을 받으며 조심스럽게 이리역 플랫폼을 출발했다. 넓게 펼쳐진 들녘은 누런 벼 이삭으로 뒤덮었다. 불어오는 바람에 벼 이삭은 황금물결로 출렁이고 있었다. 잠시 차창 밖으로 붉은 노을빛에 정신이 팔려 있는 사이, 앞쪽에 앉아 있던 아주머니들이 웅성거리는 소리가 들려왔다.

"어매! 산긴가 보네……."

"시상에 이 색시를 어쩐데야?"

열차 안 분위기는 순식간에 얼어붙었다. 그사이 아주머니들이 뭐라고 수군거리다가 나이 든 아주머니가 큰 소리로 외쳤다.

"시방! 남학상들은 얼른 다른 칸으로 가구, 여학상들은 자리를 비켜 줘야겠구만."

그리고 황급히 아주머니들은 치마를 벗어 앞뒤 좌석에 커튼처럼 칸막이를 만들었다. 뭔가 서둘러 움직이지만 순서에 따라 진통하는 산모를 안심시키며 순산을 도와주었다.

　이 소식을 접한 승무원은 부산하게 찾아와 상황을 파악한 후 급히 나갔다. 잠시 후, 열차는 느린 속도로 움직이고 있었다. 기다리던 신생아 울음소리가 열차 안에서 크게 들려왔다. 학생들 얼굴빛은 다시 환해졌다. 나에겐 '달리는 열차 안에서 생명의 탄생'이 참으로 경이로운 사건으로 다가왔다. 기적 소리도 기쁜 듯 여러 번 울려 퍼졌다.

　바뀐 계절 속으로 열차는 눈 내리는 들판을 가로질러 목적지를 향해 달려가고 있다. 눈 덮인 평야에서 검은 연기를 휘날리며 묵직하게 철로를 따라 움직이는 증기 열차는 흑백 영상 속으로 사라져가는 파노라마였다. 끝없이 평행선 철길로 이어진 궤도는 영원히 만날 수 없겠지만, 추억 속 평행선 철길에서는 언제나 만날 수 있는 증기 열차였다. 수많은 학생들이 열차에서 만나고 헤어졌다. 함께 승차했던 공간도 해가 바뀔 때마다 떠남이 있고, 새로운 학생들이 빈 공간을 차지했다. 그 통학 시절 우렁차게 달리던 검은색 증기 열차는 추억의 무지개로 나에게 비춰 왔다. 잃어버린 기억 속에서 무지개색마다 하나하나 간직하고 싶은 추억을 그려 가고 있다.

천년의 바람

요즘 집에 머무는 시간이 길어졌다. 침묵이 집 안에 조금씩 차오를 때마다 답답했다. 거실이나 방에 자리하고 있는 가구, 탁자, 책상들이 오랫동안 동굴 속에 굳어진 암반처럼 보였다. 나도 암석같이 마음이 굳어져 가고 있지 않았나? 벽과 벽으로 차단된 채 가려진 아파트에서 창밖을 내다봤을 때 나뭇잎, 철 따라 피는 꽃들은 항상 거리를 두고 저만치 있었다. 오늘도 그랬다.

길을 따라 걸었다. 가로수 길은 노란 은행잎이

바람결에 흩날렸다. 질주하는 차량 옆으로 은행잎은 인도 사이로 쌓여 갔다. 수북이 쌓인 은행잎이 가을의 끝자락에서 짙은 색상으로 변해 갔다. 떨어지는 잎마다 가늘게 웃는 웃음 사이로 동요 같은 음표들이 새겨졌다. 아니, 나뭇잎 음표를 따라 나도 모르게 콧노래가 흘러나왔다. 길이 끝나는 곳에서 머뭇거렸다. 파란 하늘엔 흰 구름이 무늬를 그리며 흘러갔다.

숲속으로 들어서자, 나무들이 뒤엉킨 사이로 맑은 눈을 두리번거리던 다람쥐가 놀란 듯이 나무줄기를 타고 곧 사라졌다. 나를 반기나 싶었다. 숲길은 낯선 길이 아니었다. 어쩌다 산행 때 찾아오는 곳이었다. 나뭇잎은 벌거벗는 나뭇가지 사이로 작은 원을 그리며 떨어졌다. 높이 솟아오른 자작나무는 흰 눈이 그리운지 희게 분칠해 있었다. 계곡을 타고 오르다 보면 둥치 큰 참나무들이 쓰러지고 베어진 채 나무 등걸로 몸통을 드러낸 모습이 안타까웠다. 강한 열기가 풍겨 오는 나무, 생명력이 용솟음치는 나무가 한낱 벌레 곰팡이균에 쓰러지다니, 마음이 아팠다. 바람이 숲속을 흔들었다. 늘어진 소나무 가지 위로 나뭇잎이 우수수 내려앉았다. 나는 너럭바위에 앉아 산자락을 굽어봤다.

　어둠이 쌓이는 산등성이 위로 보름달이 살짝 얼굴을 내밀었다. 숲은 조금씩 은빛으로 밝아졌다. 정적이 깃든 숲속으로 바람은 나뭇가지를 흔들며 지나갔다. 나뭇잎이 흩날리는 소리로 정적을 깨웠다. 솟아오른 달빛은 숲 위로 반짝였다. 산등성이 아래 골짜기를 타고 달빛은 은빛 물결처럼 흐르고 있었다. 이상하게도 꿈속을 헤매듯이 그 물결 위로 수많은 나뭇잎에 실린 조각달이 넘실댄다. 바람결에 출렁인다. 강물처럼 흘러가는 나뭇잎은 조각달이 흔들릴 때마다 기우뚱거린다. 굽이쳐 흐르는 강물 위로 언뜻 보이는 조각달에는 저승으로 떠나간 혼령들이 희뿌옇게 보였다. 혼령들은 언젠가 나와 만났던 사람들이었다. 내 기억 속에 살아 숨 쉬는 사람이었다. 그중에서 유난히 눈에 띠는 조각달이 있었다. 나의 돌아가신 할머니였다.

유년 시절, 홀로 계신 할머니는 나를 무척 아껴 주었다. 외아들을 먼저 떠나보낸 할머니는 외로웠다. 또 손주가 외아들이다 보니 내게 많은 사랑으로 감싸 안았다. 어떤 때는 맛있는 곶감을 숨겨 놨다가 가만히 주었다. 그러나 내가 잘못을 저지르면 사정없이 혼을 내 주고 달래기도 했다. 늘 할머니한테 배어나는 냄새에 젖었고, 쭈글쭈글한 젖무덤을 만지며 자랐다. 그런데 소슬바람이 불어오는 초가을에 갑자기 할머니는 시름시름 앓다가 한 달을 못 넘기고 돌아가셨다. 슬픔보다 할머니가 떠나가서 너무 외로웠다. 허나, 지금 할머니 모습이 희뿌옇게 보인다. 조각달에 기대여 미끄러지듯 흘러가는 모습은 평시와 다름없이 보였다. 유심히 보니 조각달 사이로 어디서 본 듯한 스님이 합장하지 않는가! 나도 합장했다. 구름 한 편이 달 위로 흐르고 있다.

피리 소리가 구슬피 들리더니 시를 읊는 소리가 달빛을 타고 들려왔다.

죽고 사는 길이 / 이 세상에 있으므로 두려운데

나는 간다는 말도 / 못다 하고 가버렸느냐

어느 가을 이른 바람에 / 이리저리 떨어질 잎처럼

같은 가지에 났어도 / 가는 곳을 모르겠구나

아, 극락세계에서 만날 나는 / 도를 닦으며 기다리겠노라

- 신라의 향가, 「제망매가祭亡妹歌」

    이 읊는 소리는 「제망매가祭亡妹歌」였다. 나는 놀라웠다. 내 귀를 의심했으나, 분명 신라의 향가였다. 온몸이 바위처럼 굳어 갔다. 그때 가사를 걸친 채 달빛 속에 나타난 스님은 월명사月明師였다. 너럭바위 한쪽에 좌선 자세로 앉았다. 한참 말이 없었다. 바람이 스치고 지나간 후 말소리가 들려왔다.

    "오늘 누군가에게 이 시를 들려주고 싶었네. 옆에 있는 거사가 들을 줄야! 나도 몰랐네. 그러나 인연의 끈은 이어졌네."

    그리고 피리를 은은히 불었다. 피리 소리는 가늘게 나뭇잎 사이로 흘러갔다.

"스님은 천년 동안 극락세계에 계시는 줄 알았는데요."

"허허, 천년은 찰나에 불과하다네. 그러니 오늘 밤 만남도 찰나고, 극락세계가 어디 따로 있는가. 내가 도를 닦으며 머무는 곳이 바로 극락이라네. 미륵불은 중생을 제도하려 도솔천에서 수십억 년을 기다리고 있지 않은가. 우리 세상사에서 가까운 가족이나 친한 벗의 죽음을 곁에서 애통해하지만, 억겁의 세월 속에 한낱 찰나라네. 바로 지나가는 한 조각 구름이라!"

잠시 구름에 가려진 둥근달이 제 모습을 찾았다.

너럭바위에는 나 혼자 앉아 있다. 방금 옆에 앉아 있던 월명사月明師 스님은 바람처럼 왔다가 바람처럼 떠나갔다. 달빛을 받으며 숲길을 조심스럽게 내려왔다. 아무도 없다. 달빛 바람만이 천년의 시어詩語를 들려주는 듯했다.

첫술

 저녁놀은 붉게 물들어 갔다. 노을빛 물결이 흐르듯 넘실대는 붉은 구름층은 평야로 끝없이 이어진 두승산 넘어 아득히 펼쳐져 있다. 동진강 줄기를 따라 아름답게 물들어 가는 석양을 지켜보던 친구들은 발걸음을 천천히 옮겼다. 빈속에 막걸리만 늘어지게 들이마셔서 그런지 취기가 오르자 저녁놀은 점차 한들거리는 꽃잎같이 아른거렸다. 대보름이 지나 우수가 가까이 왔으나, 날씨는 별로 풀리는 기색이 보이지 않았다.
 녀석들은 마을 고샅을 벗어나 빈속을 채우려고

읍내 중국집으로 향하고 있다. 검은 자장면은 별미였다. 쫀득거리는 자장 면발을 먹다가 가져온 탕수육은 또 다른 입맛을 돋우었다. 진한 중국 음식과 곁들여 입안에 떨어 넣은 고량주는 목 안을 타고 위장에 닿자마자 짜릿하게 톡 쏘았다. 톡톡 쏘는 맛에 빠져 작은 술잔으로 고량주를 털어 넣고 마시고, 호주머니 돈들이 다 털리자, 그제야 흔들리는 발길을 재촉했다.

　뻐끔히 얼굴을 내미는 환한 달빛 따라 녀석들은 하천을 향해 어깨동무를 하고 큰 소리로 노래 부르며 읍내 신작로를 휘젓고 갔다.
　하천 모래밭 사이로 흐르는 잔물결은 은빛 비늘처럼 반짝였다. 달빛 타고 목청껏 불렀던 노래는 젊음의 발산이었다. 또한 그리움과 애증이 담겨 있고, 미지의 세계로 떠나야 할 두려움이었다. 허나 시간이 지날수록 술기운이 묘하게 달아올라 허둥거렸다. 늦은 밤 싸늘하게 몰아닥친 꽃샘추위는 술에 취해 휘청거리는 녀석들을 더욱 아프게 했다.

벌써 음식물을 토해 내고 볏단 밑에 나무토막처럼 쓰러진 녀석도 있다. 멋모르고 막걸리를 냉수 마시듯 퍼먹어 대고 독한 고량주를 겁 없이 덥석덥석 마셔 댄 것이 이런 화를 불러왔다. 나도 견딜 수 없는 경련 같은 아픔이 온몸으로 전해져 갑자기 사시나무 떨듯 떨게 됐다. 누군가 마을 가까이 쌓인 볏단에 불을 지폈다. 모닥불은 달빛 속으로 활활 타올라 따뜻하게 몸을 녹이게 했다. 그것도 살갗 속으로 절여오는 찬바람만은 잠재울 수 없었다.

그러자 머리가 아프더니 정신이 몽롱해졌다. 몸을 가누기가 힘들어졌다. 고개를 들어 움직일 때마다 그 환한 달이 내 곁에 내려와서 곧 기웃거리다가 떠나갔다. 하늘은 내 주위로 빙글빙글 돌고 보이는 사물들은 눈의 움직임에 따라 휘청거렸다. 모닥불이 커져 갈 무렵, 추위는 다시 엄습해 왔다. 잠시 정신이 맑아졌다. 순간 뭔지 불안 같은 공포감이 스치고 지나갔다. 나도 모르게 발길이 마을 불 켜진 집을 향해 걸어갔다. 녀석들도 달빛을 밟으며 마을로 걸음을 옮겨 가고 있었다.

 불빛을 쫓아 들어서던 방은 사랑채였다. 촉수 낮은 불빛 아래 화투짝을 쥐던 노름꾼들은 낯선 내 방문에도 별 관심 없어 보였다. 방구석에 쓰러지듯 몸을 던졌다. 노름에 푹 빠져 화투짝에만 정신이 팔린 줄 알았는데, 한 판이 끝나자 한 노름꾼이 내뱉듯 말을 쏘아 댔다.

 "거시기 말여! 요즘 젊은것들이 술 처먹은 꼴 보면, 영 버르장머리라곤 한 푼어치도 없고만. 어른들이 재미로 화투짝 갖고 노는디 벌렁 눕질 않나? 가만히 보니 우리 마실 놈도 아닌디……."

 느닷없이 누워 있던 내 멱살을 잡아 방문 밖으로 헌 짐짝 버리듯 내팽개쳤다. 쫓겨났다. 한참 후에야 겨우 정신이 들었다.

 또 큰 목소리로 떠드는 소리와 함께 개 짖는 소리는 마을 언덕배기에서 들려왔다. 한 녀석도 취중에 몸을 가누지 못하고 추위에 쫓겨 불 켜진 방에 찾아들었다. 처녀 방이었다. 혼자 밤늦도록 자수를 놓고 있었다. 방문이 열리더니 낯모르는 사내가 기어들어 와 아랫목에 누워 버렸다. 깜짝 놀라 "아이고, 어머니!" 비명처럼 큰 소리를 질렀다. 놀란 처녀 아버지는 누워 있던 녀석을 끌어내 다듬이 방망이로 복날 개 패듯 사정없이 두들겨 팼다. 쫓겨나 어깨는 축 늘어진 채 신음 소리 내며, 한숨 쉬는 녀석은 비 맞은 장닭처럼 초라하게 보였다. 달 밝은 밤 옹기종기 모여 있던 마을은 갑자기 낯모를 어설픈 술꾼들이 나타나 벌집을 쑤셔 놓은 듯 온통 시끄러웠다.

그 설익은 술꾼들은 오래도록 기억 속에 흑백영상처럼 남아 있다. 지금도 내 곁엔 술 향기가 감돈다. 조금씩 익어 가는 술맛을 느끼는 것을 보니 나이가 무르익었나 보다. 가을이 익어 가는 속에서 흔들리는 나뭇잎이 흩날린다. 서릿바람이 기울어 가고, 달빛이 창문에 스미는 밤엔 누군가와 만나고 싶어진다. 삶의 군더더기는 맑게 정제되어 잔 속에 침묵같이 담겨 있다. 숙성된 침묵은 오래지 않아

환하게 꽃을 피우기도 하고, 잔잔한 물결처럼 작은 파장을 일으킨다. 내 가슴 안에 술 향을 담아 본다. 어머니의 굵은 손마디에서 빚은 술 향기는 온몸으로 적셔 온다. 술기운은 벌써 가슴속에서 전율로 솟아져 내린다.

술잔 속에는 또 다른 세상이 공존하고 있다. 별 떨기로 떨어진 세계는 잔 속에서 익어 간다. 술을 기울면 내 안에 자리한 침묵은 우주에서 들려오는 숨소리가 들린다. 숨소리는 거칠기도 하고, 계곡 물소리 같기도 하고, 가만히 귀 기울여 보면 실낱같은 소리는 영혼의 울림이었다. 나도 모르게 술 향기에 젖어 잠 속에 깊이 빠져든다. 온몸에 흐르는 감흥은 꿈속으로 나를 홀연히 내려놓았다.

헌책방

　바람이 부는 때나 비가 내리는 때, 눈이 올 때, 계절이 바뀌어 갈 때, 이런 때일수록 허전하고 비어 있은 마음을 달래 보고 싶은 심정으로 가끔 가 보고 싶은 곳이 생각난다. 나도 모르게 발길이 어느새 목적지를 향하여 움직여 가고 있다. 그곳엔 나를 반기는 수많은 얼굴들이 때 묻은 채 실눈을 부스스 뜨고, 미소가 번지는 모습으로 나를 반긴다. 나도 반가운 눈인사를 하고 서가에 즐비하게 꽂혀 있는 헌책들과 마주 보며 침묵 같은 대화를 마음으로 나누다 보면 헌책들과 머무는 곳에 언제 왔을까? 의문처럼 오고 싶은 곳이다.

　매달 한 번 정도 습관처럼 헌책방에 들르곤 한다. 산에 가면 낯선 바위, 이름 모를 나무, 키 작은 풀, 지저귀는 새들, 숲속을 헤쳐 가는 바람 소리 이런 것들이 조금은 낯설지만 가느다란 속삭임처럼 대화를 나눈다. 나는 헌책방에서 책들을 마주할 때마다 시간의 풍화 작용으로 쌓이는 낙엽, 흙, 먼지처럼 과거의 때들이 구수하게 풍겨 오는 냄새를 맡으며 침묵처럼 대화하는 것이 좋다. 책들의 주름 진 모습에는 오랜 삶의 자취, 역사의 이야기, 종교의 말씀, 과학의 탐구, 생명의 경외, 예술의 창작 등 다양한 책들에서 많은 사람이 읽고 간 흔적들이 묻혀 있다. 그리고 그 책들과 많은 시간을 고뇌와 희열, 몰입하며 읽어간 책장마다 독자의 손때 묻은 냄새가 지혜의 향기처럼 느껴진다.

　가끔 구입하는 헌책 속에는 잊지 못할 사연들이 담겨 있다. 시집을 구입했는데, 책갈피로 은행잎 두

개가 예쁘게 놓여 있고, 책 표지 안에는 '오빠 생일 축하하며…… 선희가'라고 쓰여 있는 책을 펼쳐 보며 젊은 순수한 애정의 밀어를 훔쳐본 애틋한 기분에 잠겨 본다. 또 에세이집 속표지에 적혀 있는 '미국으로 가족과 함께 떠나는 오빠가 마음을 담아…… 지연에게' 아마 미국으로 이민 가면서 떠나는 아픔을 사랑하는 이에게 고이 전하는 듯한 사연을 엿보며, 그들의 사랑이 잘 이뤄지기를 바라는 마음으로 설레기도 한다. 헌책에는 사람과 사람 사이 전해 주는 자취들이 흔적처럼 남아 있을 때, 사람과 사람 사이에 이어지는 메시지를 그려 보며 그 책의 내용에 더 많은 흥미와 심혈을 기울여 읽게 된다.

우리가 흔히 지역이나 대학 도서관을 방문하여 책을 빌리기도 하고, 읽기도 한다. 아마 책의 보고인 도서관은 독자가 강태공처럼 호숫가에 앉아서 심연 속으로 낚시를 내리고 지혜나 진리, 지식의 보물을 정적만이 흐르는 고요한 물속에서 조심조심

낚아 올리는 곳이라면, 헌책방은 흐르는 강물에 낚시를 던지고 강바람 부는 강줄기를 타고 움직이는 물고기를 지혜의 보물처럼 낚아 올리는 곳이다. 강물이 흘러가듯이 헌책들은 언제, 어디로, 누구한테 떠나갈지 예측할 수 없다. 유목민들이 계절마다 푸른 초원을 찾아 떠나듯이, 헌책은 자기를 아끼는 애독자를 만나면 헌책방을 떠나야 하는 이방인 같은 처지다. 그러다 보니 좋아하는 책을 찾다가 헌책방에서 만나는 즉시 호주머니 사정에 맞게 가격을 결정하고, 나의 서가로 모셔 와야 한다. 그때는 나만이 원하는 것을 가졌다는 행복한 웃음을 머금어 본다. 그러나 요즈음 세태는 헌책방도 인터넷 상거래로 이용하고 있으니 쉽고 편리한 점도 있겠으나, 헌책과 구입자, 책방 주인 간에 서로서로 책에 얽힌 체취가 묻어나고, 인간 중심 대화에서 멀어지는 아쉬움이 남는다.

그러나 때 묻은 헌책은 책장마다 과거의 숨소리가 들리는가 하면 미래의 속삭임도 들려온다. 누군가와 대화를 나누기도 하며 나를 되돌아보고 싶어진다. 지난 젊은 시절, 유난히 나를 사로잡았던 책을 다시 만나서 그 저자와 무언의 대화도 해 보고, 반갑게 나를 반기는 헌책을 찾아 읽게 된다. 또다시 그 책에 몰입하게 되는가 보다. 내 인격을 형성해 가는 과정에서 더욱 폭 넓은 인생관이나 세계관, 철학, 종교관을 갖도록 도움을 가져다준, 잊을 수 없는 헌책들과 마음 한구석에서 서로 이야기를 나누고 있다.

제2부
시

마음 소리 새겨진 그림

가을 신호등

하늬바람 타고 때아닌
서리꽃이 머릿결로
희끗희끗 피어난다

이런 때 외로운 길거리에
졸고 있는 신호등으로
발길을 옮긴다

졸음진 큰 눈이 둥그렇게
껌벅껌벅일 때마다

알 수 없는 소리들이
그림으로 그려진다
뭘까?
이어진 선, 쉼표, 위로 반듯한 선
시간의 빛 그림 신호일까?

그 자리

꽃샘추위 뒤척이듯
쉬 떠나지 않은 시샘에
흰 눈가루 나뭇가지에 젖어 들고
진눈깨비 쏟아지는 산길을 걷다가
어디로 가나 의문도 던져 보았는데

한 겨울날 묵주만 한 손에 쥐고
이 땅에 아무것도 없이 떠나간
성직자도 있었고
늦겨울 추위에 가사 장삼만 걸치고
모든 걸 내려놓은 채 빈 마음인
수행승도 떠나고

늦은 남녘 바람 겉돌기만 하고
그 자리 언제 오려나 기다리는데
새벽 봄비 적시듯 소리 없이 오겠지

노란 잎새

바람에 흔들리는 나뭇잎
노을빛 젖어 드는 잎새

계절이 남긴 무게 이기지 못한 채
갈바람 부는 들판으로 떠나가면

노란 잎새는
지난 계절 주름진 상흔 겹겹이 이어져
찬바람 들판 지나 흰 눈 내린 산자락에서
갈 곳 잃어 눈 쌓인 숲속에 잠들고

숲에 누워

마지막 나비 꿈 헤매다가 깨어난 잎새

잎새에 숨 쉬는 계절은 파란 강물 흐르고

잎새들이 꿈꾸어 가는 드넓은 갈대숲

꽃샘바람에

숲나무는 때 이른 속삭임 어울리고

노란 잎새에 잠겨 오는 갈대숲 소리

단비

땀방울이
적셔 와
피로가 될 때
뙤약볕에
타던 목마름이
허기가 될 때
삶에 지쳐
메말라 갈 때
그저 비로 젖어 온다

달빛

하얀 길
달그림자 지우고
낯선 숲길 걷는다

숲 바람 나뭇잎에 이어 달아
산허리 휘어 도는 낙엽 소리

속살 드러낸 너럭바위에
지워져 버린 얼굴 달빛 서려
주름진 계절 뒤로 떠나가고

반달 닮아 가는 낯선 얼굴
숲길을 걸어간다

도봉산 춤

해가 지고
어둠이 내려앉자
사람들이 떠나 버린 산
적막이 큰 산에 쌓여 갈 때

달이 뜨면
벌거벗은 나무들 눈짓하고
능선마다 듬직이 서 있는 바위 봉우리
달빛 흐르는 춤사위로 감싸 안는 육중한 산

도봉산은
우람한 몸 겨우 일으켜
날렵히 머뭇거리듯 춤추는 달빛 쫓아
무거운 몸 가볍게 들어 춤추는 산인가
위풍스러운 몸짓으로 느린 듯 휘도는 자운봉紫雲峰

묵직하게 어깨 들어 들썩이는 만장봉萬丈峰
바위 능선 위로 어깨선 흔드는 선인봉仙人峰
솟아오른 남근바위 주봉主峰으로 흔들리고
포근한 춤사위로 보름달 껴안듯 품에 안는 산이여

해가 뜨고
떠나 버린 사람들이 찾아드는 숲 바위산
바람 소리 나뭇잎 소리 물소리 새소리 맑은 소리
산울림에 마음을 내려놓은 산

떠난다기에

이제 때가 왔노라고
살얼음 얼기 전에 강물 거슬러
가고 싶은 길로 떠난다기에
어디로 가야 하나 물음엔 대답도 없이
그저 혼자 길 가며 연락해 준다더니
언제 연락이 올까 기다렸지만 녀석은
하루 이틀 달포가 가고 또 가고 잊으려니
어제 아침 면도날로 거칠게 수염을 밀어내던
거울 속에 나타나 주름 새로 웃고 있지 않은가
얼굴 씻은 사이 거품 어린 웃음만 적시고 가 버렸나
도깨비 장난하던 나이 어린 동화 속으로 녀석은
강물 따라올까 개구리 헤엄 흉내만 냈거든
언제 또 올까 아마 강물이 꽁꽁 얼면 올 거야
언젠가 산마을 건너 흰 모래 변산 바닷가 들른다
더니

모래밭에 자화상도 그려 보고 시도 동시도 글도 써 보고

바닷물로 지워져 버린 날 파도 소리 마냥 되고파

잊혀진 그림자는 파도 소리와 노래 부르고 녀석은

깨복쟁이 벗 같은 솔숲과 모래 바닷속 전설을 들려주려

눈 덮인 산기슭 돌아 강줄기 얼음을 미끄러지듯 지치며

내년 이맘때쯤 또 올 거야

마음 소리 새겨진 그림

산새 소리
산그림자 정겨워
마을 길로 들어서니
아이 콧노래 소리
마음 문이 열리고
둥글둥글 한글 소리
어디서 들려오는가
굵디 굵은 그림 글자 소리

마을 모퉁이길 거닐다가
풀잎 이어진 길섶 위 서서
한줄기 흐르는 별빛 부르고
여름밤 뻐꾸기 울음소리
호젓한 숲길 서성이는 사이
밤하늘 별빛 아래 무지개 닮은

바구니 혼불 파르란히 날아와
저 멀리 산울림 품어 안듯
마음 소리 새겨진 그림인가

멈춰 선 길

보이는 길 가다가
가야 할 길은 여러 갈래

머뭇거리다 언 듯 뒤돌아서
길가에 싱겁게 웃고 있는 얼굴
눈여겨보니 허수아비 춤추고

멈춰 선 길 살펴보다
희미한 숲길 달빛에 눈 뜨고
흐르는 별 떨기 내 안에 열려

달맞이꽃 그림자 길 위에 서서
고심하다 가야 할 길 쫓아가는데
달빛 구르는 풍경 소리에 멈춰 선다

멍청이

아무것도 아니다
하나에 반쪽도 아닌 멍청인가
빈 호주머니를 쥐고 당당히 가고 있다
끝 다는 길에 서서 이 세상 몽땅 호주머니에 넣고 가고 싶다
이 사람이나 저 멍청이나 가고 있는 길이 어디로 가고 있는가
이 세상 삶이 즐겁다 힘들다 하고 그저 그렇다고 웃으며 가고 있다
가는 길이 고달프냐 말하지도 않고 듣지 않느냐 아무것도 모르는데

이 세상은 둥그런 풍선이라고 그걸 정말 믿으라 혼잣말하느냐
　어린이 눈망울 속 풍선은 웃음과 기쁨 투정과 앙증스런 꿈 안고
　멀리 더 높이 하늘로 날아가고 있지 않은가
　산과 강 바다와 섬 도시와 마을 건너 둥근 세상 풍선에 담아
　굴렁쇠 굴러가듯 둥그런 원을 그리며 다시 오겠지
　어린이 눈망울에 담아 주려 먼 별 무리 품고 다가오는 풍선
　그런데 천진스럽게 웃고 있는 저 멍청이

목소리

바람이
쉬어 간다고
긴 숨 내쉬어
지나가던 잠자리
수풀꽃 기웃거리다

비구름 목쉰 소리 그리 높아
화들짝 놀라 풀숲에 숨어들고

무더위 한참 헤매다가
먹구름 천둥소리 울어 대니
지친 목소리 여름밤 깨우고

서녘 바람에 날갯짓하다
때늦은 철새 서리꽃 피워 내니
날개 춤 접는다

밤거리

어둠이 눈망울 뜨는 사이
금빛 물결 밤거리 꿈틀거린다
밤하늘 걸려 있는 하얀 달 송이
꽃향기 번지는 바람 따라가다가
가로등 불빛 뒤로 번져 가는 그림자

늦은 시간 지하철로 달려가는 발자국
소리 없는 눈망울 차창에 꽃피워
꽃내음 지하철 혈류로 흘러들어
지친 맥박 소리 밤거리 깨우더니
하얀 달 송이 기울어 가고
거리엔 금빛 물결 잠들어 간다

백연白蓮

가시가 박혔나
가끔 쑤셔 온다

쑤셔 올 때마다
거칠던 손마디는
어둠 속 촉수 세워
아픈 가슴 더듬다가

기다린 햇살
해거름 연못에 내려앉자
밤새 진흙물 백연 뒤척이다
피어오른 꽃향기 가시 삭여 낸다

이제야

거칠어진 손마디

빈 가슴에 내려놓는다

비가 내린다

책 속에 비가 내린다
빈방에 비가 내린다
집 안에 비가 내린다
비가 내린다

꽃들 만발한 창밖
비는 내리지 않고
메마른 강바닥이 지쳐도
비는 내리지 않고
목말라 풀잎들이 누워도
비는 내리지 않고
비는 내리지 않고

한 가닥 외길 따라
비는 숨을 고르고
타는 시름에 지친 들풀
비가 내린다
비가 내린다

빗줄기

어둠이 늦게 젖어 오던 날
짙은 가로수 잎은 흔들리고
회백색 거리는 말이 없네
빗방울 무늬는 가로등 빛으로
나뭇잎 그림자에 젖어 든 빗줄기
깊은 어둠살 곱게 빗질하듯

오늘도
빗줄기는 쉬 멈추지 않고
가슴앓이 아는 아픔에 무심코
빗소리 굴리고 간 물방울들
미처 알지 못했던 백지에
여윈 그림자를 채색하고
빗줄기는 쉬 가슴살로 밀려와
무거운 침묵 깨우게 하네

숨소리

새벽 넘어오는 소리
하얀 웃음 드높여
어둠 헤치고 아침 깨운다

새벽이슬 풀잎에 머금은
구슬땀이 햇볕에 영글어
손길마다 밭이랑 씨를 뿌린다

먼 바람 물결 타고
꿈틀대는 들녘 해거름
숨소리 땀방울로 잉태하고
풀잎 노랫소리 들린다

저녁놀 어두워지고

어딘가 여리어진 손길이

긴 밤을 잠재운다

아파트 숲

네모난 돌 각들이
옹기종기 모여 일궈 낸 건물 숲
기지개 펴듯 하늘만 올려보고
성곽 닮은 교차로 들어서자
ㄱ ㄴ ㄷ 자로 구부러진 길모퉁이
아파트 숲길 줄지어 선 사각 동네

높다란 층마다 엷은 웃음 짓는 벽기둥
엘리베이터 층 계단 오르내리는 울림소리
지친 마음 잠들어 가는 아파트 숲 쉼터에
사각형 벽체 뿌리내린 철근 속삭이고
네모난 콘크리트 건물 사이로
귓가에 흐르는 아파트 숲 바람 소리
돌계단에 빚어낸 음계 여유를 갖는다

울림

어느 떨림인지
그저 숨죽여 다가온다

파란 가을날
하늘빛 샛강 이어진 길

어릴 때 노닐던 모래 물결
여울목 물줄기는 숨결로 흘러
하늘빛 태아는 울림으로 다가오고

물오른 나무
소리 없이 수액은 차오른다

인연 꽃

홀로 걸어온 길
외로움 뒤로 남겨 둔 채
너와 내가 마주한 첫 만남
하늘길 열어 주는 성긴 빛
닫힌 문 가만가만 두드리면
설레임 젖어 오는 소리 있어
마음이 하나 되는 속삭임이기에
영혼이 맞닿아 인연 꽃 접하면
연민이 와닿은 꽃 내음새
만남은 봄 향기 씨앗 뿌리고
늦서리에 때늦은 결실

창밖 모란

나뭇잎 흔드는 바람
나부끼는 흰 커튼
아침 햇살 드리운 꽃술

이슬 맺힌 물방울
꽃잎에 뒹굴다가
소리 없이 침묵 깨운다

창유리 채색되듯
번지는 붉은 꽃망울
지워지지 않은 자태

그 모습

꽃술에 담아

뜰 그림자에 머문다